경찰공무원(순경) 채용시험
- 제1회 경찰헌법 봉투모의고사 -

목 차

- 일반공채(101경비단) -

[헌　　　법] ··· 00

[형　사　법] ··· 00

[경　찰　학] ··· 00

- 전의경 경채 -

[형　　　법] ··· 00

[형사소송법] ··· 00

[경　찰　학] ··· 00

응시자 유의사항

응시자는 반드시 기재된 과목명(전의경 경채의 경우 과목 순서)에 맞게 표기하여야 하며, 과목을 바꾸어 표기한 경우에도 상단에 기재된 과목 수선대로 채점되므로 유의하시기 바랍니다.

※ 시험이 시작되기 전까지 표지를 넘기지 마십시오.

경 찰 청

사이버경찰청 : http://www.police.go.kr
원수접수사이트 : http://gosi.police.go.kr

헌법

문 1. 국가긴급권에 관한 설명으로 가장 적절한 것은? (다툼이 있는 경우 판례에 의함)

① 국가긴급권의 행사는 헌법질서에 대한 중대한 위기상황의 극복을 위한 것이기 때문에, 본질적으로 위기상황의 직접적인 원인을 제거하는데 필수불가결한 최소한도 내에서만 행사되어야 한다는 목적상 한계가 있지만, 그 본질상 일시적·잠정적으로만 행사되어야 한다는 시간적 한계는 인정되지 않는다.
② 긴급명령, 긴급재정경제명령, 계엄은 본질적으로 국가의 중대한 위기상황에서 긴급하게 행해지는 것이므로 사전에 국회의 승인이나 국무회의의 심의를 거칠 것을 요구할 수 없다.
③ 대통령은 국가의 안위에 관계되는 중대한 교전상태에 있어서 국가를 보위하기 위하여 긴급한 조치가 필요하고 국회의 집회를 기다릴 여유가 없는 때에 한하여 법률의 효력을 가지는 명령을 발할 수 있다.
④ 긴급재정경제명령은 중대한 재정·경제상의 위기가 발생한 경우에 이를 사후적으로 수습함으로써 기존질서를 유지·회복하기 위한 것이므로 공공복리의 증진과 같은 적극적인 목적을 위하여는 발동할 수 없다.

문 2. 국적에 관한 설명으로 옳은 것은 몇 개인가? (다툼이 있는 경우 판례에 의함)

㉠ 외국인 여자가 한국인 남자와의 혼인으로 인하여 한국의 국적을 취득하고 동시에 해당국가의 국적을 상실한 뒤 한국인 남자와 이혼하였다고 하여 한국 국적을 상실하고 본래국적을 당연히 다시 취득하는 것은 아니다.
㉡ 국적회복과 귀화는 모두 외국인이 후천적으로 법무부장관의 허가라는 주권적 행정절차를 통하여 대한민국 국적을 취득하는 제도라는 점에서 동일하나, 귀화는 대한민국 국적을 취득한 사실이 없는 순수한 외국인이 법무부장관의 허가를 받아 대한민국 국적을 취득할 수 있도록 하는 절차인데 비해, 국적회복허가는 한 때 대한민국 국민이었던 자를 대상으로 한다는 점, 귀화는 일정한 요건을 갖춘 사람에게만 허가할 수 있는 반면, 국적회복허가는 일정한 사유에 해당하는 사람에 대해서만 국적회복을 허가하지 아니한다는 점에서 차이가 있다.
㉢ 대한민국의 「민법」상 성년이 되기 전에 외국인에게 입양된 후 외국 국적을 취득하고 외국에서 계속 거주하다가 「국적법」 제9조에 따라 국적회복허가를 받은 자는 대한민국 국적을 취득한 날부터 1년 내에 외국 국적을 포기하거나 법무부장관이 정하는 바에 따라 대한민국에서 외국 국적을 행사하지 아니하겠다는 뜻을 법무부장관에게 서약하여야 한다.
㉣ 외국 국적 포기의무를 이행하지 아니하여 대한민국 국적을 상실한 자가 그 후 1년 내에 그 외국 국적을 포기하면 법무부장관의 허가를 받아 대한민국 국적을 재취득할 수 있다.

① 1개 ② 2개
③ 3개 ④ 4개

문 3. 사회국가원리에 관한 설명으로 옳은 것을 모두 고른 것은? (다툼이 있는 경우 판례에 의함)

㉠ 사회국가란 사회정의의 이념을 헌법에 수용한 국가로 경제·사회·문화의 모든 영역에서 사회현상에 관여하고 간섭하고 분배하고 조정하는 국가를 말하지만 국가에게 국민 각자가 실제로 자유를 행사할 수 있는 그 실질적 조건을 마련해 줄 의무까지 부여하는 것은 아니다.
㉡ 우리 헌법은 사회국가원리를 명문으로 규정하면서 이를 구체화하고 있는데, 이 중 헌법 제119조 제2항에 규정된 '경제주체간의 조화를 통한 경제민주화'의 이념은 경제영역에서 정의로운 사회질서를 형성하기 위하여 추구할 수 있는 국가목표일 뿐, 개인의 기본권을 제한하는 국가행위를 정당화하는 헌법규범은 아니다.
㉢ 사회국가원리에서 도출되는 사회연대의 원칙은 사회보험에의 강제가입의무를 정당화하며, 재정구조가 취약한 보험자와 재정구조가 건전한 보험자 사이의 재정조정을 가능하게 한다.
㉣ 휴직자에게 직장가입자의 자격을 유지시켜 휴직전월의 표준보수월액을 기준으로 보험료를 부과하는 것은 사회국가원리에 위배되지 않는다.

① ㉠, ㉡ ② ㉠, ㉢
③ ㉡, ㉣ ④ ㉢, ㉣

문 4 소급입법에 관한 설명으로 가장 적절한 것은? (다툼이 있는 경우 판례에 의함)

① 소급입법에 의한 재산권의 박탈은 진정소급효의 입법, 부진정소급효의 입법 등 소급입법의 태양에 관계없이 원칙적으로 금지되고, 예외적으로 헌법적 정당성이 있는 경우에만 허용된다.
② 상가건물 임차인의 계약갱신요구권 행사 기간을 5년에서 10년으로 연장한 「상가건물 임대차보호법」 조항을 개정법 시행 이전에 체결되었더라도 개정법 시행 이후 갱신되는 임대차에 적용하도록 한 동법 부칙조항은 진정소급입법에 해당하여 소급입법금지원칙에 위배된다.
③ 개정된 신법이 피적용자에게 유리한 경우에 이른바 시혜적인 소급입법을 하여야 한다는 입법자의 의무가 헌법상의 원칙들로부터 도출되지는 아니한다. 이러한 소급입법을 할 것인가를 결정함에 있어서 입법자의 입법재량범위는 국민의 권리를 제한하거나 새로운 의무를 부과하는 경우와 달리 판단할 것은 아니다.
④ 의료기관의 시설 또는 부지의 일부를 분할·변경 또는 개수하여 약국을 개설한 자가 「약사법」 개정으로 시행일 후 1년 뒤에는 기존 약국을 더 이상 운영할 수 없도록 한 부칙규정은 이미 개설등록된 기존 약국의 효력이나 이제까지의 약국 영업과 관련한 사법상의 법률효과를 소급하여 부인하는 것이 아니므로, 헌법 제13조 제2항에서 의미하는 소급입법에 해당되지 아니한다.

문 5. 기본권 주체성에 관한 설명으로 옳은 것을 모두 고른 것은? (다툼이 있는 경우 판례에 의함)

㉠ 초기배아는 수정이 된 배아라는 점에서 형성 중인 생명의 첫걸음을 떼었다고 볼 여지가 있기는 하나 아직 모체에 착상되거나 원시선이 나타나지 않은 이상 기본권 주체성 및 국가의 보호필요성을 인정할 수 없다.
㉡ 법률이 교섭단체를 구성한 정당에 정책연구위원을 두도록 하여 그렇지 못한 정당을 차별하는 경우 교섭단체를 구성하지 못한 정당은 기본권을 침해받을 가능성이 있다.
㉢ 변호인의 조력을 받을 권리는 성질상 인간의 권리에 해당하므로 외국인도 그 주체가 된다.
㉣ 국가균형발전특별법에 의한 도지사의 혁신도시 입지선정과 관련하여 그 입지선정에서 제외된 지방자치단체로서는 입지선정 기준이 합리성과 타당성을 결여하였다고 다투는 등 평등권의 주체가 될 수 있다.

① ㉠, ㉣
② ㉠, ㉢
③ ㉡, ㉢
④ ㉢, ㉣

문 6. 일반적 행동자유권에 관한 설명으로 적절하지 않은 것은? (다툼이 있는 경우 판례에 의함)

① 일반적 행동자유권의 보호영역에는 가치 있는 행동뿐만 아니라 개인의 생활방식과 취미에 관한 사항도 포함되며, 여기에는 위험한 스포츠를 즐길 권리와 같은 위험한 생활방식으로 살아갈 권리도 포함된다. 따라서 운전 중 휴대용 전화를 사용할 자유는 헌법 제10조의 행복추구권에서 나오는 일반적 행동자유권의 보호영역에 속한다.
② 「도로교통법」상 주취 중 운전금지규정을 3회 위반한 경우 운전면허를 필요적으로 취소하도록 규정한 것은 과잉금지원칙에 반하여 일반적 행동자유권을 침해하는 것이다.
③ 경찰공무원이 교통의 안전과 위험방지를 위하여 필요하다고 인정하는 경우 운전자가 술에 취하였는지를 호흡조사로 측정할 수 있도록 하고 운전자는 이러한 경찰공무원의 측정에 응하여야 하도록 규정한 「도로교통법」 조항은 운전자인 청구인의 일반적 행동의 자유를 제한한다.
④ 무상 또는 일회적·일시적으로 가르치는 행위는 일반적 행동자유권에 속한다.

문 7. 평등권에 관한 설명으로 가장 적절하지 않은 것은? (다툼이 있는 경우 판례에 의함)

① 공중보건의사에 편입되어 군사교육에 소집된 사람에게 사회복무요원과 달리 군사교육 소집기간 동안의 보수를 지급하지 않도록 규정한 「군인보수법」 조항은 공중보건의사의 경우 사회복무요원과 같은 보충역으로서 대체복무를 한다는 점에서 양자를 달리 취급할 합리적인 이유가 없으므로 공중보건의사의 평등권을 침해한다.
② 평등권은 입법자에게 본질적으로 같은 것을 자의적으로 다르게, 본질적으로 다른 것을 자의적으로 같게 취급하는 것을 금지하고 있고 본질적으로 동일한가의 판단은 일반적으로 당해 법률조항의 의미와 목적에 달려 있으므로, 당해 법률조항의 의미와 목적에 비추어 차별취급을 정당화할 수 있을 정도의 차이가 없음에도 차별한다면, 입법자는 이로써 평등권을 침해하게 된다.
③ 사관생도의 사관학교 교육기간을 현역병 등의 복무기간과 달리 연금 산정의 기초가 되는 군 복무기간으로 산입할 수 있도록 규정하지 아니한 구 「군인연금법」상 조항은 현저히 자의적인 차별이라고 볼 수 없다.
④ 보상금의 지급을 신청할 수 있는 자의 범위를 '내부 공익신고자'로 한정함으로써 '외부 공익신고자'를 보상금 지급대상에서 배제하도록 정한 「공익신고자 보호법」 조항 중 '내부 공익신고자' 부분은 평등원칙에 위배되지 않는다.

문 8. 명확성원칙에 관한 설명으로 가장 적절하지 않은 것은? (다툼이 있는 경우 판례에 의함)

① 어린이집이 시·도지사가 정한 수납한도액을 초과하여 보호자로부터 필요경비를 수납한 경우, 해당 시·도지사는 「영유아보육법」에 근거하여 시정 또는 변경 명령을 발할 수 있는데, 이 시정 또는 변경 명령 조항의 내용으로 환불명령을 명시적으로 규정하지 않았다고 하여 명확성원칙에 위배된다고 볼 수 없다.
② 「개발제한구역의 지정 및 관리에 관한 특별조치법」 위반으로 인해 시정명령을 받고도 이를 이행하지 아니한 위반행위자 등에 대해, 이를 상당한 기간까지 이행하지 않으면 이행강제금을 부과·징수한다는 뜻을 토지소유자에게 미리 문서로 계고하도록 하는 규정에서 '상당한 기간' 부분은 명확성원칙에 위배되지 않는다.
③ 「청원경찰법」상 품위손상행위란 '청원경찰이 경찰관에 준하여 경비 및 공안업무를 하는 주체로서 직책을 맡아 수행해 나가기에 손색이 없는 인품에 어울리지 않는 행위를 함으로써 국민이 가지는 청원경찰에 대한 정직성, 공정성, 도덕성에 대한 믿음을 떨어뜨릴 우려가 있는 행위'라고 해석할 수 있으므로 명확성원칙에 위배되지 않는다.
④ 상법 제635조 제1항에 규정된 자, 그 외의 회사의 회계업무를 담당하는 자, 감사인 등으로 하여금 감사보고서에 기재하여야 할 사항을 기재하지 아니하거나 허위의 기재를 한 때를 처벌하는 조항은 명확성의 원칙에 위배되지 않는다.

문 9. 이중처벌금지원칙에 관한 설명으로 가장 적절하지 **않은** 것은? (다툼이 있는 경우 판례에 의함)

① 이중처벌은 처벌 또는 제재가 동일한 행위를 대상으로 거듭 행해질 때 발생하는 문제로서, 하나의 형사재판절차에서 다루어진 사건을 대상으로 동시에 징역형과 자격정지형을 병과하는 것은 이중처벌금지원칙에 위반되지 아니한다.

② 벌금형을 선고받는 자가 그 벌금을 납입하지 않은 때에 그 집행방법의 변경으로 하게 되는 노역장 유치는 이미 형벌을 받은 사건에 대해 또다시 형을 부과하는 것이 아니라, 단순한 형벌 집행 방법의 변경에 불과한 것이므로 헌법 제13조 제1항 후단의 이중처벌금지의 원칙에 위반되지 않는다.

③ 무허가 건축행위에 대한 형사처벌 외에 위법건축물에 대한 시정명령의 이행을 강제하기 위하여 과태료나 이행강제금을 부과하는 것은 이중처벌에 해당한다.

④ 신상정보 공개·고지명령은 형벌과는 목적이나 심사대상 등을 달리하는 보안처분에 해당하므로 동일한 범죄행위에 대하여 형벌이 부과된 이후 다시 신상정보 공개·고지명령이 선고 및 집행된다고 하여 이중처벌금지원칙에 위반된다고 할 수 없다.

문 10. 주거의 자유에 관한 설명으로 가장 적절하지 **않은** 것은? (다툼이 있는 경우 판례에 의함)

① 주거는 생활의 기초단위로서 구성원 전체의 인격이 형성되고 발현되는 사적 공간이므로 그 보호의 필요성이 매우 크다.

② 출입국관리법에 의한 보호에 있어서 용의자에 대한 긴급보호를 위해 그의 주거에 들어간 것이라면 그 긴급보호가 적법한 이상 주거의 자유를 침해한 것으로 볼 수 없다.

③ 피해자의 집 마당은 도로에 바로 접하여 있고 출입을 통제하는 문이나 담 기타 인적·물적 설비가 없으므로, 집 마당을 넘어가 외부 출입문을 열고 내부 출입문을 손으로 두드린 행위는, 주거의 형태와 용도·성질, 외부인에 대한 출입의 통제·관리의 방식과 상태, 출입 경위와 방법 등을 종합적으로 고려하면, 사실상의 평온상태를 해치는 행위 태양으로 주거침입에 해당한다.

④ 행위자가 범죄 등을 목적으로 음식점에 출입하였거나 영업주가 행위자의 실제 출입 목적을 알았더라면 출입을 승낙하지 않았을 것이라는 사정이 인정되더라도 그러한 사정만으로는 출입 당시 객관적·외형적으로 드러난 행위태양에 비추어 사실상의 평온상태를 해치는 방법으로 음식점에 들어갔다고 평가할 수 없으므로 침입행위에 해당하지 않는다.

문 11. 양심적 병역거부에 관한 설명으로 옳고 그름의 표시(O, X)가 바르게 된 것은? (다툼이 있는 경우 판례에 의함)

㉠ 양심적 병역거부자의 수는 병역자원의 감소를 논할 정도가 아니고, 이들을 처벌한다고 하더라도 교도소에 수감할 수 있을 뿐 병역자원으로 활용할 수는 없으므로, 대체복무제 도입으로 병역자원의 손실이 발생한다고 할 수 없다. 전체 국방력에서 병역자원이 차지하는 중요성이 낮아지고 있는 점을 고려하면, 대체복무제를 도입하더라도 우리나라의 국방력에 의미 있는 수준의 영향을 미친다고 보기는 어렵다. 따라서 대체복무제라는 대안이 있음에도 불구하고 군사훈련을 수반하는 병역의무만을 규정한 병역종류조항은 침해의 최소성 원칙에 어긋난다.

㉡ 양심적 병역거부자에 대한 대체복무제를 규정하지 아니한 병역종류조항과 양심상의 결정에 따라 입영을 거부하거나 소집에 불응하는 자에 대하여 형벌을 부과하는 처벌조항은 '양심에 반하는 행동을 강요당하지 아니할 자유', 즉, '부작위에 의한 양심실현의 자유'를 제한한다.

㉢ 양심적 병역거부는 인류의 평화적 공존에 대한 간절한 희망과 결단을 기반으로 하고 있다는 점에서, 특별히 병역을 면제받지 않은 양심적 병역거부자에게 병역이행을 강제하는 「병역법」 조항은 설령 종교적 신앙에 따라 병역을 거부하는 자에게 적용되는 경우에도 해당 종교인의 종교의 자유를 제한하지 않는다.

㉣ 각종 병역의 종류를 규정하고 있는 병역법상 병역종류조항은, 병역부담의 형평을 기하고 병역자원을 효과적으로 확보하여 효율적으로 배분함으로써 국가안보를 실현하고자 하는 것이기는 하나, 대체복무제를 규정하고 있지 않은 이상 정당한 입법목적을 달성하기 위한 적합한 수단에 해당한다고 보기는 어렵다.

① ㉠(O) ㉡(O) ㉢(X) ㉣(X)
② ㉠(O) ㉡(X) ㉢(O) ㉣(X)
③ ㉠(X) ㉡(O) ㉢(X) ㉣(O)
④ ㉠(X) ㉡(X) ㉢(O) ㉣(O)

문 12. 사전검열금지원칙에 관한 설명으로 가장 적절하지 **않은** 것은? (다툼이 있는 경우 판례에 의함)

① 사전검열금지원칙을 적용함에 있어서는 사전검열행위 자체의 범위를 제한하여 적용해야 할 뿐만 아니라 사전검열금지원칙이 적용될 대상 역시 헌법이 언론·출판의 자유를 보장하고 사전검열을 금지하는 목적에 맞게 한정하여 적용해야 한다.
② 건강기능식품 기능성 광고 사전심의가 헌법이 금지하는 사전검열에 해당하려면 심사절차를 관철할 수 있는 강제수단이 존재할 것을 필요로 하는데, 영업허가취소와 같은 행정제재나 벌금형과 같은 형벌의 부과는 사전심의절차를 관철하기 위한 강제수단에 해당한다.
③ 의료기기에 대한 광고는 표현의 자유의 보호를 받는 대상이 되지만, 사상이나 지식에 관한 정치적, 시민적 표현행위와는 달리 인격발현과 개성신장에 미치는 효과가 중대하지 아니하므로, 사전검열금지원칙의 적용대상에서 제외된다.
④ 외국비디오물을 수입할 때 영상물등급위원회의 추천을 받도록 하는 것은 언론·출판에 대한 사전검열에 해당하여 헌법 위반된다.

문 13. 집회의 자유에 관한 설명으로 가장 적절하지 **않은** 것은? (다툼이 있는 경우 판례에 의함)

① 집회의 자유는 개성신장과 아울러 여론형성에 영향을 미칠 수 있게 하여 동화적 통합을 촉진하는 기능을 가지며, 나아가 정치·사회현상에 대한 불만과 비판을 공개적으로 표출케 함으로써 정치적 불만세력을 사회적으로 통합하여 정치적 안정에 기여하는 역할을 한다.
② 집회의 자유에 대한 제한은 다른 중요한 법익의 보호를 위하여 반드시 필요한 경우에 한하여 정당화되는 것이며, 특히 집회의 금지는 원칙적으로 공공의 안녕질서에 대한 위협이 예상되는 경우에 한하여 허용될 수 있다.
③ 개인이 집회의 자유를 집단적으로 행사함으로써 불가피하게 발생하는 일반대중에 대한 불편함이나 법익에 대한 위험은 보호법익과 조화를 이루는 범위 내에서 국가와 제3자에 의하여 수인되어야 한다.
④ 집회의 자유는 개인이 집회에 참가하는 것을 방해하거나 또는 집회에 참가할 것을 강요하는 국가행위를 금지할 뿐만 아니라, 예컨대 집회장소로의 여행을 방해하거나, 집회장소로부터 귀가하는 것을 방해하거나, 집회참가자에 대한 검문의 방법으로 시간을 지연시킴으로써 집회장소에 접근하는 것을 방해하는 등 집회의 자유행사에 영향을 미치는 모든 조치를 금지한다.

문 14. 직업의 자유에 관한 설명으로 옳은 것을 모두 고른 것은? (다툼이 있는 경우 판례에 의함)

㉠ 직업의 자유에 '해당 직업에 합당한 보수를 받을 권리'까지 포함되어 있다고 보아야 하므로, 경장의 1호봉 봉급월액을 중사의 1호봉 봉급월액보다 적게 규정한 것은 청구인의 직업수행의 자유를 침해한 것이다.
㉡ 직장선택의 자유는 원하는 직장을 제공하여 줄 것을 청구하거나 한번 선택한 직장의 존속보호를 청구할 권리를 보장하지 않으나, 국가는 직장선택의 자유로부터 나오는 객관적 보호의무, 즉 사용자에 의한 해고로부터 근로자를 보호할 의무를 진다.
㉢ 직업의 자유는 인류보편적인 성격을 지니고 있으므로, 이미 근로관계가 형성되어 있는 경우뿐만 아니라 근로관계가 형성되기 전단계인 특정한 직업을 선택할 수 있는 권리도 외국인에게 인정되는 기본권이다.
㉣ 다른 기업과의 경쟁에서 국가의 간섭이나 방해를 받지 않고 기업활동을 할 수 있는 경쟁의 자유는 직업의 자유에 포함된다.

① ㉠, ㉡
② ㉡, ㉣
③ ㉠, ㉢
④ ㉢, ㉣

문 15. 기본권에 관한 설명으로 가장 적절한 것은? (다툼이 있는 경우 판례에 의함)

① 구「식품위생법」에서 식품의약품안전처장이 식품의 사용기준을 정하여 고시하고, 고시된 사용기준에 맞지 아니하는 식품을 판매하는 행위를 금지·처벌하는 규정들은 생녹용의 사용 조건을 엄격하게 제한한 후 이 기준에 따라서만 생녹용을 판매할 수 있도록 하므로 과잉금지원칙에 위배된다.
②「변호사법」에서 변호사는 계쟁권리(係爭權利)를 양수할 수 없다고 규정하고 이를 위반시 형사처벌을 부과하도록 규정한 것은 변호사가 당해 업무를 처리하며 정당한 보수를 받는 방법을 일률적으로 금지하고 있으므로 과잉금지원칙에 위배된다.
③ 식품이나 식품의 용기·포장에 '음주전후' 또는 '숙취해소'라는 표시를 금지하는 것은 음주를 조장하는 내용에 대한 정당한 금지로 영업의 자유를 침해하지 아니한다.
④ 변호인선임서 등을 공공기관에 제출할 때 소속 지방변호사회를 경유하도록 한 법률규정은 변호사의 직업수행의 자유를 침해하지 않는다.

문 16. 재산권에 관한 설명으로 가장 적절하지 **않은** 것은? (다툼이 있는 경우 판례에 의함)

① 재직중의 사유로 금고 이상의 형을 선고받아 처벌받은 사립학교 교원에 대하여 당연퇴직을 시키면서 직무 관련 범죄 여부, 고의 또는 과실범 여부 등을 묻지 않고 퇴직급여와 퇴직수당을 일률적으로 감액하는 것은 재산권을 침해한다.
② 「공무원연금법」상 퇴직연금을 수령하고 있던 자가 지방의회의원에 취임한 경우, 지방의회의원에 취임할 당시의 연금제도가 그대로 유지되어 그 임기 동안 퇴직연금을 계속 지급받을 수 있을 것이라는 신뢰의 보호가치는 크므로, 지방의회의원의 재직기간 중 연금 전부의 지급을 정지하는 것은 신뢰보호원칙에 위반된다.
③ 개발제한구역 지정으로 인하여 토지를 종래의 목적으로도 사용할 수 없거나 또는 더 이상 법적으로 허용된 토지이용의 방법이 없기 때문에 실질적으로 토지의 사용·수익의 길이 없는 경우에는 토지소유자가 수인해야 하는 사회적 제약의 한계를 넘는 것으로 보아야 한다.
④ 공무원이 유족 없이 사망하였을 경우, 연금수급자의 범위를 직계존·비속으로만 한정하는 것은 공무원의 형제자매 등 다른 상속권자들의 재산권을 침해한 것으로 볼 수 없다.

문 17. 사회보장수급권에 관한 설명으로 가장 적절하지 **않은** 것은? (다툼이 있는 경우 판례에 의함)

① 「공무원연금법」상의 퇴직급여, 유족급여 등 각종 급여를 받을 권리, 즉 연금수급권은 공무원 자신의 기여금 납부를 통해 형성된 재원에 대한 후불임금수급권이므로, 재산권의 성격만을 가질 뿐이지, 사회적 기본권의 하나인 사회보장수급권의 성격은 지니고 있지 않다.
② 공무원연금법 상 퇴직연금의 수급자가 사립학교교직원연금법 제3조의 학교기관으로부터 보수 기타 급여를 지급받고 있는 경우 퇴직연금의 지급을 정지하도록 한 공무원연금법 조항은 헌법에 위배되지 않는다.
③ 산재피해 근로자에게 인정되는 산재보험수급권은 입법재량권의 행사에 의하여 제정된 「산업재해보상보험법」에 의하여 비로소 구체화되는 '법률상의 권리'이며, 개인에게 국가에 대한 사회보장·사회복지 또는 재해예방 등과 관련된 적극적 급부청구권이 인정되는 것은 아니다.
④ 국가가 국민을 강제로 건강보험에 가입시키고 경제적 능력에 따라 보험료를 납부하도록 하는 것은 재산권에 대한 제한이 되지만, 이러한 제한은 정당한 국가목적을 달성하기 위하여 부득이한 것이고, 가입강제와 보험료의 차등부과로 인하여 달성되는 공익은 그로 인하여 침해되는 사익에 비하여 월등히 크다고 할 수 있으므로, 재산권을 침해한다고 볼 수 없다.

문 18. 교육의 자주성·전문성·정치적 중립성에 관한 설명으로 가장 적절하지 **않은** 것은? (다툼이 있는 경우 판례에 의함)

① 헌법 제31조 제3항의 의무교육 무상의 원칙은 교육을 받을 권리를 보다 실효성 있게 보장하기 위하여 의무교육 비용을 학령아동의 보호자 개개인의 직접적 부담에서 공동체 전체의 부담으로 이전하라는 명령일 뿐, 의무교육의 비용을 오로지 국가 또는 지방자치단체의 예산으로 해결해야 함을 의미하는 것은 아니다.
② 사립유치원의 공통적인 세입·세출 자료가 없는 경우 관할청의 지도·감독에는 한계가 존재할 수밖에 없다는 이유로 사립유치원의 회계를 국가가 관리하는 공통된 회계시스템을 이용하여 처리하도록 하는 것은 개인사업자인 사립유치원의 자유로운 회계처리 방법 선택권을 과도하게 침해한다.
③ 설립자가 사립학교나 학교법인을 자유롭게 운영할 자유, 즉 사학의 자유는 비록 헌법에 명문규정은 없으나 헌법 제10조에서 보장되는 행복추구권의 한 내용을 이루는 일반적인 행동의 자유권과 교육의 자주성·전문성·정치적 중립성 및 대학의 자율성을 규정하고 있는 헌법 제31조 제4항 등에 의하여 인정되는 기본권의 하나이다.
④ 사립학교는 그 설립자의 특별한 설립이념을 구현하거나 독자적인 교육방침에 따라 개성 있는 교육을 실시할 수 있을 뿐만 아니라 공공의 이익을 위한 재산출연을 통하여 정부의 공교육 실시를 위한 재정적 투자능력의 한계를 자발적으로 보완해 주는 역할을 담당하므로, 사립학교 설립의 자유와 운영의 독자성을 보장할 필요가 있다.

문 19. 근로의 권리 및 근로 3권에 관한 설명으로 가장 적절하지 **않은** 것은? (다툼이 있는 경우 판례에 의함)

① 근로3권은 자유권적 성격과 사회권적 성격을 함께 갖고 있으며, 근로3권이 자유권적 성격을 가진다는 것은 국가가 근로자의 단결권을 존중하고 부당하게 침해해서는 안 된다는 것을 의미한다.
② 근로자의 단결권이 근로자 단결체로서 사용자와의 관계에서 특별한 보호를 받아야 할 경우에는 근로3권에 관한 헌법 제33조가 우선적으로 적용되지만, 그렇지 않은 통상의 결사 일반에 대한 문제일 경우에는 헌법 제21조 제2항이 적용되므로 노동조합에도 헌법 제21조 제2항의 결사에 대한 허가제금지원칙이 적용된다.
③ 노동조합이 비과세 혜택을 받을 권리는 헌법 제33조 제1항이 당연히 예상한 권리에 포함된다고 보기 어렵고, 위 헌법조항으로부터 그러한 권리가 파생된다거나 이에 상응하는 국가의 조세법규범 정비의무가 발생한다고 보기도 어렵다.
④ 헌법 제15조의 직업의 자유 또는 헌법 제32조의 근로의 권리, 사회국가원리 등에 근거하여 실업방지 및 부당한 해고로부터 근로자를 보호하여야 할 국가의 의무를 도출할 수 있으므로, 국가에 대한 직접적인 직장존속보장청구권을 근로자에게 인정할 헌법상의 근거가 있다. 따라서 근로관계의 당연승계를 보장하는 입법을 반드시 하여야 할 헌법상의 의무를 인정할 수 있다.

문 20. 재판청구권에 관한 설명으로 가장 적절한 것은? (다툼이 있는 경우 판례에 의함)

① 교도소장이 수형자가 출정비용을 예납하지 않았거나 영치금과의 상계에 동의하지 않았다는 이유로 행정소송 변론기일에 출정을 제한한 행위는 형벌의 집행을 위한 것으로 수형자의 재판청구권을 침해하였다고 볼 수 없다.
② 정식재판 청구기간을 약식명령의 고지를 받은 날로부터 7일 이내로 정하고 있는 형사소송법 조항은 합리적인 입법재량의 범위를 벗어나 약식명령 피고인의 재판청구권을 침해한다.
③ 판결주문에 영향이 없는 당사자의 공격방어방법에 대한 판단이 누락된 경우에는, 판결주문에 간접적으로만 연관되는 판단이유가 누락된 경우와 달리 재심의 소를 통하여 기판력 등 확정된 판결의 효력을 배제하는 것을 허용해야 할 만큼 정의의 요청이 절박하다고 할 수 없다.
④ 상속개시 후 인지 또는 재판의 확정에 의하여 공동상속인이 된 자의 상속분가액지급청구권의 제척기간을 정하고 있는 「민법」 제999조 제2항의 '상속권의 침해행위가 있은 날부터 10년' 중 「민법」 제1014조에 관한 부분은 입법형성의 한계를 일탈하여 재판청구권을 침해한다.

경찰공무원(순경) 채용시험
- 제2회 경찰헌법 봉투모의고사 -

목 차

- 일반공채(101경비단) -

[헌　　법] ··· 00

[형 사 법] ··· 00

[경 찰 학] ··· 00

- 전의경 경채 -

[형　　법] ··· 00

[형사소송법] ··· 00

[경 찰 학] ··· 00

응시자 유의사항

응시자는 반드시 기재된 과목명(전의경 경채의 경우 과목 순서)에 맞게 표기하여야 하며, 과목을 바꾸어 표기한 경우에도 상단에 기재된 과목 수선대로 채점되므로 유의하시기 바랍니다.

※ 시험이 시작되기 전까지 표지를 넘기지 마십시오.

경 찰 청

사이버경찰청 : http://www.police.go.kr
원수접수사이트 : http://gosi.police.go.kr

헌법

문 1. 헌정사에 관한 설명으로 가장 적절한 것은? (다툼이 있는 경우 판례에 의함)

① 1948년 제헌헌법에서 대한민국의 경제질서는 모든 국민에게 생활의 기본적 수요를 충족할 수 있게 하는 사회정의의 실현과 균형 있는 국민경제의 발전을 기함을 기본으로 하며, 각인의 경제상 자유는 이 한계 내에서 보장된다고 규정하였다.
② 1954년 개정헌법(제2차 개헌)은 같은 헌법 공포 당시의 대통령에 한하여 중임제한을 철폐하고, 대통령의 궐위시에는 국무총리가 그 지위를 계승하도록 하였다.
③ 최초의 지방의회가 구성된 것은 제1공화국 기간이었던 1950년이었고, 지방의회를 조국통일이 이루어질 때까지 구성하지 아니한다는 것을 헌법 부칙에 규정한 것은 1980년 제8차 개정 헌법에서였다.
④ 1972년 제7차 개정헌법은 대통령에게 국회의원 3분의 1의 추천권을 부여하였고 헌법개정 절차를 이원화하였으며, 대통령의 임기를 1980년 제8차 개정헌법 때의 대통령의 임기보다 더 길게 규정하였다.

문 2. 포괄위임금지원칙에 관한 설명으로 가장 적절한 것은? (다툼이 있는 경우 판례에 의함)

① 의료기기 판매업자의 「의료기기법」 위반행위 등에 대하여 보건복지가족부령이 정하는 기간 이내의 범위에서 업무정지를 명할 수 있도록 규정한 「의료기기법」 조항은 그 위임사항이 업무정지 기간의 범위에 불과하고 형벌에 해당하지 않으므로 위임의 정도가 완화되어 포괄위임금지원칙에 위배되지 아니한다.
② 구 「법인세법」 제32조 제5항은 위임입법의 주제에 관하여 '익금(益金)에 산입한 금액의 처분'이라는 점만을 제시하고 있을 뿐 수임자가 따라야 할 기준인 소득의 성격과 내용 및 그 귀속자에 관하여 아무런 규정을 두고 있지 아니하여, 납세의무의 성부 및 범위와 직접 관계있는 소득처분에 관련된 과세 요건을 정함에 있어서 아무런 기준을 제시함이 없이 하위법규인 대통령령에 포괄적으로 위임하여 위임입법의 한계를 위반하였다.
③ 제1종 특수면허 없이 자동차를 운전한 경우 무면허운전죄로 처벌하면서 제1종 특수면허로 운전할 수 있는 차의 종류를 행정안전부령에 위임하고 있는 도로교통법 조항은 포괄위임금지 원칙에 위배된다.
④ 등록세 중과세의 대상이 되는 부동산등기의 지역적 범위에 관하여 대통령령으로 정하는 대도시라고 규정한 (구)「지방세법」 제138조 제1항은 위임입법의 한계를 일탈한 것이다.

문 3. 정당설립의 자유에 관한 설명으로 가장 적절한 것은? (다툼이 있는 경우 판례에 의함)

① 정당설립에 대한 국가의 간섭은 원칙적으로 허용되지 아니하며, 입법자가 정당설립에 대해 형식적 요건을 설정하는 것은 금지된다.
② 임기만료에 따른 국회의원선거에 참여하여 의석을 얻지 못하고 유효투표 총수의 100분의 2 이상을 득표하지 못할 때 정당 등록을 취소하더라도 정당설립의 자유는 침해되지 않는다.
③ 「정당법」상 시·도당은 당해 관할구역 안에 주소를 두고 있는 1천인 이상의 당원을 가져야 한다고 규정하고 있는데, 이는 정당의 자유를 침해하지 아니한다.
④ 「정당법」 규정에 의하여 등록취소된 정당의 명칭과 같은 명칭은 정당의 명칭으로 다시 사용하지 못한다.

문 4. 직업공무원제도에 관한 설명으로 옳은 것은 모두 몇 개인가? (다툼이 있는 경우 판례에 의함)

㉠ 입법자는 공무원의 정년을 행정조직, 직제의 변경 또는 예산의 감소 등 제반사정을 고려하여 합리적인 범위내에서 조정할 수 있다.
㉡ 오늘날 정치적 표현의 자유는 자유민주적 기본질서의 구성요소로서 다른 기본권에 비하여 우월한 효력을 가지므로, 공무원이라는 지위에 있다는 이유만으로 정치적 표현의 자유를 전면적으로 부정할 수는 없다.
㉢ 공무원 임용 당시에는 연령정년에 관한 규정만 있었는데 사후에 계급정년제도를 신설하여 정년이 단축되도록 하는 것은 정년규정을 변경하는 입법이 구법질서에 대하여 기대했던 당사자의 신뢰보호 내지 신분관계의 안정이라는 이익을 지나치게 침해하지 않는 한 공무원의 신분보장에 반하지 않는다.
㉣ 「공무원연금법」상의 각종 급여는 후불임금으로서의 성격을 띠므로, 그에 관한 입법자의 입법재량은 일반적인 재산권과 유사하게 제한된다.

① 1개
② 2개
③ 3개
④ 4개

문 5. 기본권충돌에 관한 설명으로 가장 적절하지 **않은** 것은? (다툼이 있는 경우 판례에 의함)

① 피해자의 반론게재청구권으로 해석되는 정정보도청구권제도는 언론의 자유와는 서로 충돌되는 면이 있으나 전체적으로는 상충되는 기본권 사이에 합리적인 조화를 이루고 있다.
② 노동조합의 적극적 단결권은 근로자 개인의 단결하지 않을 자유보다 중시된다고 할 수 없어, 노동조합에 적극적 단결권(조직강제권)을 부여하는 것은 근로자의 단결하지 아니할 자유의 본질적인 내용을 침해한다.
③ 친양자 입양은 친생부모의 기본권과 친양자가 될 자의 기본권이 서로 대립·충돌하는 관계라고 할 수 있고, 이들 기본권은 공히 가족생활에 관한 기본권으로서 그 서열이나 법익의 형량을 통하여 어느 한쪽의 기본권을 일방적으로 우선시키고 다른 쪽을 후퇴시키는 것은 부적절하다.
④ 타인 간의 대화내용을 위법하게 취득한 자와 위법하게 취득된 타인 간의 대화내용을 공개·누설한 자를 동일한 법정형으로 규정하였다고 하더라도, 그리고 벌금형을 선택적으로 규정하지 않았다고 하더라도 그것이 형벌 본래의 목적과 기능을 달성함에 있어 필요한 정도를 일탈하여 지나치게 과중한 형벌이라고는 보기 어렵다.

문 6. 포괄적기본권에 관한 설명으로 적절한 것을 모두 고른 것은? (다툼이 있는 경우 판례에 의함)

> ㉠ 이륜차의 고속도로 통행 제한은 거주·이전의 자유를 제한하는 것이고, 행복추구권에서 우러나오는 일반적 행동의 자유를 제한하는 것은 아니다.
> ㉡ 응급의료종사자의 응급환자에 대한 진료를 폭행, 협박, 위계, 위력, 그 밖의 방법으로 방해하는 것을 금지하고 이에 위반하는 자를 형사처벌하는 「응급의료에 관한 법률」 조항은 해당 응급환자인 청구인의 일반적 행동의 자유를 제한한다.
> ㉢ 피해학생이 가해학생과 동일한 학급 내에 있으면서 지속적으로 학교폭력의 위험에 노출된다면 심대한 정신적, 신체적 피해를 입을 수 있으므로 가해학생에 대한 조치로 학급교체를 규정한 조항은 가해학생의 일반적 행동자유권을 과도하게 침해한다고 보기 어렵다.
> ㉣ 운전면허를 받은 사람이 자동차 등을 이용하여 살인 또는 강간 등 행정안전부령이 정하는 범죄행위를 한 때 운전면허를 취소하도록 하는 구 「도로교통법」 조항은 포괄위임금지원칙에 위배되지 아니한다.

① ㉠, ㉡
② ㉠, ㉢
③ ㉡, ㉣
④ ㉢, ㉣

문 7. 평등권에 관한 설명으로 가장 적절하지 **않은** 것은? (다툼이 있는 경우 판례에 의함)

① 혼인한 등록의무자 모두 배우자가 아닌 본인의 직계존·비속의 재산을 등록하도록 「공직자윤리법」이 개정되었음에도 불구하고, 개정 전 「공직자윤리법」 조항에 따라 이미 배우자의 직계존·비속의 재산을 등록한 혼인한 여성 등록의무자는 종전과 동일하게 계속해서 배우자의 직계존·비속의 재산을 등록하도록 규정한 같은 법 부칙 제2조는 그 목적의 정당성을 인정할 수 없다.
② 자율형 사립고등학교를 지원한 학생에게 평준화지역 후기학교에 중복지원하는 것을 금지한 「초·중등교육법시행령」 조항은 매우 보편화된 일반교육에 해당하는 고등학교 진학 기회를 제한하는 것으로 당사자에게 미치는 기본권 제한의 효과가 크다는 점에서 엄격한 심사척도에 의하여 평등원칙 위배여부를 심사하여야 한다.
③ 「정치자금법」 규정이 단일 지역단위 선거구의 지역구국회의원인지 다수 지역단위 선거구의 지역구국회의원인지 여부에 차이를 두지 않고 「정치자금법」에서 정하지 아니한 방법으로 정치자금을 기부받은 경우 정치자금부정수수죄로 처벌하는 것이 불합리하므로 평등원칙에 반한다.
④ 「교통사고처리특례법」 조항 중 업무상 과실 또는 중대한 과실로 인한 교통사고로 말미암아 피해자로 하여금 중상해에 이르게 한 경우에 공소를 제기할 수 없도록 규정한 부분은 엄격한 심사기준에 의하여 판단한다.

문 8. 명확성원칙에 관한 설명으로 가장 적절한 것은? (다툼이 있는 경우 판례에 의함)

① 게임물 관련사업자에 대하여 '경품 등의 제공을 통한 사행성 조장'을 원칙적으로 금지시키고 있는 「게임산업진흥에 관한 법률」 조항에서, '경품' 및 '조장'과는 달리 '사행성'은 다른 법률에서도 정의 규정을 두고 있지 않아 지나치게 불명확하여 법집행기관의 자의적인 해석을 가능하게 하므로 죄형법정주의의 명확성원칙에 위배된다.
② 「친일반민족행위자 재산의 국가귀속에 관한 특별법」 조항 중 "독립운동에 적극 참여한 자" 부분은 참여 정도가 판단하는 자에 따라 상이해질 수 있으며, 다른 법규정들과의 체계조화적인 이해 내지 당해 법률의 입법목적과 제정취지에 따른 해석으로 충분히 해소될 수 없고, 건전한 상식과 통상적인 법감정을 가진 사람이라도 그 의미를 충분히 예측할 수 없다고 할 것이므로 명확성원칙에 위배된다.
③ 취소소송 등의 제기 시 「행정소송법」 조항의 집행정지의 요건으로 규정한 '회복하기 어려운 손해'는 건전한 상식과 통상적인 법감정을 가진 사람이 심판대상조항의 의미내용을 파악하기 어려우므로 명확성원칙에 위배된다.
④ 건전한 상식을 가진 일반인이면 재심사유인 '판결에 영향을 미칠 중요한 사항에 관하여 판단을 누락한 때'의 의미내용을 예측할 수 있고, 이미 확립된 판례에 기초하여 그 해석 및 적용에 대한 신뢰성이 있는 원칙을 도출할 수 있으므로 해석자 개인의 주관적인 판단에 따라 그 해석이 좌우될 가능성이 없다.

문 9. 수용자의 기본권에 관한 설명으로 옳고 그름의 표시(O, X)가 바르게 된 것은? (다툼이 있는 경우 판례에 의함)

> ㄱ. 교도소의 안전 및 질서유지를 위하여 행해지는 규율과 징계로 인한 수용자의 기본권의 제한도 다른 방법으로는 그 목적을 달성할 수 없는 경우에만 예외적으로 허용되어야 한다.
> ㄴ. 금치의 징벌을 받은 수용자에 대해 금치기간 중 실외운동을 원칙적으로 제한하고, 예외적으로 실외운동을 허용하는 경우에도 실외운동의 기회가 부여되어야 하는 최저기준을 명시하지 않고 있는 구 형의 집행 및 수용자의 처우에 관한 법률 해당 규정은 침해의 최소성 원칙에 위배되어 신체의 자유를 침해한다.
> ㄷ. 흉기를 휴대하여 피해자에게 강간상해를 가하였다는 범죄사실 등으로 징역 13년을 선고받아 형집행 중인 수형자를 교도소장이 다른 교도소로 이송함에 있어 4시간 정도에 걸쳐 상체승의 포승과 앞으로 수갑 2개를 채운 보호장비의 사용행위는 필요한 정도를 넘어 과도하게 행해진 것으로서 수형자의 신체의 자유를 침해한다.
> ㄹ. 수형자가 민사재판에 출정하여 법정 대기실 내 쇠창살 격리시설 안에 유치되어 있는 동안 교도소장이 출정계호 교도관을 통해 수형자에게 양손수갑 1개를 앞으로 사용한 행위는 신체의 자유를 침해한 것이다.

① ㄱ(O) ㄴ(O) ㄷ(X) ㄹ(X)
② ㄱ(O) ㄴ(X) ㄷ(O) ㄹ(X)
③ ㄱ(X) ㄴ(O) ㄷ(X) ㄹ(O)
④ ㄱ(X) ㄴ(X) ㄷ(O) ㄹ(O)

문 10. 통신의 비밀과 자유에 관한 설명으로 가장 적절하지 않은 것은? (다툼이 있는 경우 판례에 의함)

① 인터넷회선 감청은 서버에 저장된 정보가 아니라, 인터넷상에서 발신되어 수신되기까지의 과정 중에 수집되는 정보, 즉 전송 중인 정보의 수집을 위한 수사이므로, 압수·수색과 구별되지 않는다.
② 대화에 원래부터 참여하지 않는 제3자가 일반 공중이 알 수 있도록 공개되지 않은 타인 간 발언을 녹음하는 것은 특별한 사정이 없는 한 「통신비밀보호법」 제3조 제1항에 위반된다.
③ 온라인서비스제공자가 자신이 관리하는 정보통신망에서 아동·청소년이용음란물을 발견하기 위하여 대통령령으로 정하는 조치를 취하지 아니하거나 발견된 아동·청소년이용음란물을 즉시 삭제하고, 전송을 방지 또는 중단하는 기술적인 조치를 취하지 아니한 경우 처벌하는 「아동·청소년의 성보호에 관한 법률」 제17조 제1항은 서비스이용자의 통신의 비밀을 침해하지 않는다.
④ 방송통신심의위원회가 정보통신서비스제공자 등에 대하여 특정 웹 사이트에 대한 접속차단의 시정을 요구한 것은, 불법정보 등의 유통을 차단함으로써 정보통신에서의 건전한 문화를 창달하고 정보통신의 올바른 이용환경을 조성하고자 하는 것으로서, 정보통신서비스제공자의 통신의 비밀과 자유를 침해하지 아니한다.

문 11. 알 권리에 관한 설명으로 가장 적절하지 않은 것은? (다툼이 있는 경우 판례에 의함)

① 군사기밀의 범위는 국민의 표현의 자유 내지 알권리의 대상영역을 최대한 넓혀줄 수 있도록 필요한 최소한도에 한정되어야 할 것인바, 구 「군사기밀보호법」 제6조 등은 '군사상의 기밀'이 비공지의 사실로서 적법절차에 따라 군사기밀로서의 표지를 갖추고 그 누설이 국가의 안전보장에 명백한 위험을 초래한다고 볼만큼의 실질가치를 지닌 것으로 인정되는 경우에 한하여 적용된다 할 것이므로 이러한 해석하에 헌법에 위반되지 아니한다.
② 변호사시험 성적을 합격자에게 공개하지 않도록 규정한 「변호사시험법」 조항은 법학전문대학원 간의 과다경쟁 및 서열화를 방지하고, 교육과정이 충실하게 이행될 수 있도록 하여 다양한 분야의 전문성을 갖춘 양질의 변호사를 양성하기 위한 것으로 그 입법목적은 정당하나 입법목적을 달성하는 적절한 수단이라고 볼 수는 없다.
③ 인터넷 등 전자적 방법에 의한 판결서 열람·복사의 범위를 개정법 시행 이후 확정된 사건의 판결서로 한정하고 있는 「군사법원법」 부칙조항은 정보공개청구권을 침해한다.
④ 교원의 교원단체 및 노동조합 가입 정보는 사생활의 비밀과 자유 및 이를 구체화한 개인정보자기결정권에 의하여 보장된다.

문 12. 결사의 자유에 관한 설명으로 가장 적절한 것은? (다툼이 있는 경우 판례에 의함)
① 농협은 기본적으로 사법인의 성격을 지니므로, 「농업협동조합법」에서 정하는 특정한 국가적 목적을 위하여 설립되는 공공성이 강한 법인으로서 공적인 역할을 수행한다고 하더라도, 농협의 구성원들이 기본권 침해를 주장하여 과잉금지원칙 위배 여부를 판단할 때에는 사적인 임의결사의 기본권이 제한되는 경우와 마찬가지로 엄격한 심사기준이 적용된다.
② 새마을금고의 임원선거와 관련하여 법률에서 정하고 있는 방법 외의 방법으로 선거운동을 할 수 없도록 하고 이를 위반한 경우 형사처벌 하도록 정하고 있는 「새마을금고법」 조항은 결사의 자유를 제한하는 것은 아니다.
③ 대한민국고엽제전우회와 대한민국월남전참전자회의 중복가입을 금지하는 「참전유공자예우 및 단체설립에 관한 법률」상 조항은 결사의 자유를 침해한다.
④ 안마사들로 하여금 의무적으로 대한안마사협회의 회원이 되어 정관을 준수하도록 하는 법률조항은, 그들 사이에 정보를 교환하고 친목을 도모하며 직업활동을 효과적으로 수행하도록 하기 위하여 국가가 적극적으로 개입하는 것이 필요하므로 안마사들의 결사의 자유를 침해하지 않는다.

문 13. 직업의 자유에 관한 설명으로 가장 적절한 것은? (다툼이 있는 경우 판례에 의함)
① 변호사시험에 응시한 자의 시험성적을 응시자 본인에게도 공개하지 않는 것은 응시자의 직업선택의 자유를 제한하는 것이다.
② 주 52시간 상한제조항을 두어 1주간 최대 근로시간을 52시간으로 한정한 근로기준법 조항이 과잉금지원칙에 반하여 상시 5명 이상 근로자를 사용하는 사업주의 계약의 자유와 직업의 자유, 근로자의 계약의 자유를 침해하지 않는다.
③ 고위험자의 정의나 판단기준을 정하고 있지 않다고 하더라도, 시험장 출입 시 또는 시험 중에 37.5도 이상의 발열이나 기침 또는 호흡곤란 등의 호흡기 증상이 있는 응시자 중 국가시험 주관부서의 판단에 따른 고위험자를 의료기관에 일률적으로 이송하도록 하는 것은 피해의 최소성을 충족한다.
④ 세무사 자격 보유 변호사로 하여금 세무사로서 세무사의 업무를 할 수 없도록 규정한 「세무사법」 관련 조항은 세무사 자격 보유 변호사의 직업선택의 자유를 침해하지 않는다.

문 14. 재산권에 관한 설명으로 가장 적절하지 않은 것은? (다툼이 있는 경우 판례에 의함)
① 국무회의 심의, 이해관계자에 대한 의견청취절차 등을 거치지 아니한 이상 개성공단 전면중단 조치는 적법절차원칙을 위반하여 개성공단 투자기업인의 영업의 자유와 재산권을 침해한다.
② '개성공단의 정상화를 위한 합의서'에는 국내법과 동일한 법적 구속력을 인정하기 어렵고, 과거 사례 등에 비추어 개성공단의 중단 가능성은 충분히 예상할 수 있었으므로, 개성공단 전면중단 조치는 신뢰보호원칙을 위반하여 개성공단 투자기업인의 영업의 자유와 재산권을 침해하지 아니한다.
③ 개성공단 전면중단 조치는 공익 목적을 위하여 개별적, 구체적으로 형성된 구체적인 재산권의 이용을 제한하는 공용 제한이 아니므로, 이에 대한 정당한 보상이 지급되지 않았다고 하더라도 그 조치가 헌법 제23조 제3항을 위반하여 개성공단 투자기업인의 재산권을 침해한 것으로 볼 수 없다.
④ 개성공단 전면중단 조치는 국제평화를 위협하는 북한의 핵무기 개발을 경제적 제재조치를 통해 저지하려는 국제적 합의에 이바지하기 위한 조치로서, 통일부장관의 조정명령에 관한 남북교류협력에 관한 법률 제18조 제1항 제2호, 대통령의 국가의 계속성 보장 책무, 행정에 대한 지휘·감독권 등을 규정한 헌법 제66조, 정부조직법 제11조 등이 근거가 될 수 있으므로, 헌법과 법률에 근거한 조치로 보아야 한다.

문 15. 대학의 자율성 및 교원제도 법정주의에 관한 설명으로 가장 적절한 것은? (다툼이 있는 경우 판례에 의함)
① 대학의 학문과 연구활동에서 중요한 역할을 담당하는 교원에게 그와 관련된 영역에서 주도적인 역할을 인정하는 것은 대학의 자율성의 본질에 부합하고 필요하며, 그것은 교육과 연구에 관한 사항은 모두 교원이 전적으로 결정할 수 있어야 한다는 의미이다.
② 임용기간이 만료한 대학교원에 대한 재임용거부를 재심청구의 대상으로 명시하지 않았다 하여 교원지위법정주의의 본질을 훼손하여 헌법에 합치하지 아니한다고는 볼 수 없다.
③ '대통령긴급조치 제9호'는 학생의 모든 집회·시위와 정치관여행위를 금지하고, 위반자에 대하여는 주무부장관이 학생의 제적을 명하고 소속 학교의 휴업, 휴교, 폐쇄조치를 할 수 있도록 규정하여, 학생의 집회·시위의 자유, 학문의 자유와 대학의 자율성 내지 대학자치의 원칙을 본질적으로 침해한다.
④ 국립대학도 국가의 간섭 없이 인사·학사·시설·재정 등 대학과 관련된 사항들을 자주적으로 결정하고 운영할 자유를 가지며, 이러한 대학의 자율성은 원칙적으로 대학 자체의 계속적 존립에까지 미친다.

문 16. 근로 3권에 관한 설명으로 가장 적절하지 **않은** 것은? (다툼이 있는 경우 판례에 의함)
① 「교원의 노동조합 설립 및 운영 등에 관한 법률」의 적용대상을 「초·중등교육법」 제19조 제1항의 교원이라고 규정함으로써 「고등교육법」에서 규율하는 대학 교원들의 단결권을 인정하지 않는 것은 그 입법목적의 정당성을 인정하기 어렵다.
② 근로자들의 단체행동권은 집단적 실력행사로서 위력의 요소를 가지고 있으므로, 사용자의 재산권이나 직업의 자유, 경제활동의 자유를 현저히 침해하고, 거래질서나 국가 경제에 중대한 영향을 미치는 일정한 단체행동권의 행사에 대하여는 제한이 가능하다.
③ 공무원이란 직접 또는 간접적으로 국민에 의하여 선출 또는 임용되어 국가나 공공단체와 공법상의 근무관계를 맺고 공공적 업무를 담당하고 있는 사람들을 가리킨다고 할 수 있고, 공무원도 각종 노무의 대가로 얻는 수입에 의존하여 생활하는 사람이라는 점에서 통상적인 의미의 근로자적인 성격을 지니고 있으므로, 헌법 제33조 제2항 역시 공무원의 근로자적 성격을 인정하는 것을 전제로 규정하고 있다.
④ 초·중등교육법 상의 교원과는 달리 법률로써 고등교육법에서 규율하는 대학 교원들의 단결권을 인정하지 않더라도, 대학 교원은 헌법과 법률로써 신분이 보장되고 정당가입과 선거운동 등이 가능하므로 평등권을 침해하는 것은 아니다.

문 17. 혼인과 가족에 관한 권리에 관한 설명으로 가장 적절하지 **않은** 것은? (다툼이 있는 경우 판례에 의함)
① 태어난 즉시 '출생등록 될 권리'는 헌법상의 기본권이 아니라 법률상의 권리이므로 '혼인 중 여자와 남편 아닌 남자 사이에서 출생한 자녀에 대한 생부의 출생신고'를 허용하도록 규정하지 아니한 「가족관계의 등록 등에 관한 법률」 조항이 혼인외 출생자인 청구인들의 태어난 즉시 '출생등록 될 권리'를 침해하는 것은 아니다.
② 국가에게 혼인과 가족생활의 보호자로서 부모의 자녀양육을 지원할 헌법상 과제가 부여되어 있다 하더라도, 그로부터 곧바로 헌법이 국가에게 자녀를 양육하는 모든 병역의무 이행자들의 출퇴근 복무를 보장하여 자녀가 있는 대체복무요원들까지 합숙복무의 예외를 인정하여야 할 명시적인 입법의무를 부여하였다고 할 수는 없다.
③ 헌법 제36조 제1항은 혼인과 가족을 보호해야 한다는 국가의 일반적 과제를 규정하였을 뿐, 청구인들의 주장과 같이 양육비 채권의 집행권원을 얻었음에도 양육비 채무자가 이를 이행하지 아니하는 경우 그 이행을 용이하게 확보하도록 하는 내용의 구체적이고 명시적인 입법의무를 부여하였다고 볼 수 없다.
④ 헌법재판소는 원칙적으로 3년 이상 혼인 중인 부부만이 친양자 입양을 할 수 있도록 규정하여 독신자는 친양자 입양을 할 수 없도록 한 것이 독신자의 가족생활의 자유를 침해하지 않는다고 하면서, 편친 가정에 대한 사회적 편견 내지 불안감 때문에 독신자 가정에서 양육되는 자녀는 성장 과정에서 사회적으로 어려움을 겪게 될 가능성이 높다는 점을 그 근거의 하나로 제시하고 있다.

문 18. 공정한 재판을 받을 권리에 관한 설명으로 가장 적절한 것은? (다툼이 있는 경우 판례에 의함)
① 국가보안법위반죄로 구속기소된 청구인의 변호인이 청구인의 변론준비를 위하여 피청구인인 검사에게 그가 보관중인 수사기록 일체에 대한 열람·등사신청을 하였으나 피청구인은 국가기밀의 누설이나 증거인멸, 증인협박, 사생활침해의 우려 등 정당한 사유를 밝히지 아니한 채 이를 전부 거부한 것은 청구인의 신속·공정한 재판을 받을 권리와 변호인의 조력을 받을 권리를 침해하는 것으로 헌법에 위반된다 할 것이다.
② 소환된 증인 또는 그 친족 등이 보복을 당할 우려가 있는 경우, 재판장은 피고인을 퇴정시키고 증인신문을 행할 수 있도록 규정한 「특정범죄신고자 등 보호법」 조항은 피고인의 「형사소송법」 상의 반대신문권을 제한하고 있어 피고인의 공정한 재판을 받을 권리를 침해한다.
③ 피고인이 정식재판을 청구한 사건에 대하여는 약식명령의 형보다 중한 종류의 형을 선고하지 못하도록 하는 「형사소송법」 조항은 불이익변경금지원칙을 적용하지 않아 과잉금지원칙에 위반되어 피고인의 공정한 재판을 받을 권리를 침해한다.
④ 상속재산분할에 관한 사건은 상속재산의 범위 등 실체법상 권리관계의 확정을 전제로 하므로 가사소송절차에 따라야 함에도 불구하고 이를 가사비송사건으로 분류하고 있는 「가사소송법」의 규정은 입법재량의 한계를 일탈하여 상속재산분할에 관한 사건을 제기하고자 하는 자의 공정한 재판을 받을 권리를 침해한다.

문 19. 재판절차진술권에 관한 설명으로 가장 적절한 것은? (다툼이 있는 경우 판례에 의함)
① 재판절차진술권에 관한 헌법 제27조 제5항이 정한 법률유보는 법률에 의한 기본권의 제한을 목적으로 하는 자유권적 기본권에 대한 법률유보의 경우와 달리 기본권으로서의 재판절차진술권을 보장하고 있는 헌법규범의 의미와 내용을 법률로써 구체화하기 위한 이른바 기본권 형성적 법률유보에 해당하지 않는다.
② 형사실체법상으로 직접적인 보호법익의 주체로 해석되지 않는 자는 문제되는 범죄 때문에 법률상 불이익을 받게 되는 자라 하더라도 헌법상 형사피해자의 재판절차진술권의 주체가 될 수 없다.
③ 형사피해자에게 약식명령을 고지하지 않도록 규정한 것은 형사피해자의 재판절차진술권과 정식재판청구권을 침해하는 것으로서, 입법자가 입법재량을 일탈·남용하여 형사피해자의 재판을 받을 권리를 침해하는 것이다.
④ 어떤 행정심판절차에 사법절차가 준용되지 않는다 하더라도 임의적 전치제도로 규정함에 그치고 있다면, 행정심판절차에 사법절차가 준용되어야 할 것을 규정하고 있는 헌법 제107조 제3항에 위반되지 아니한다.

문 20. 범죄피해자구조청구권에 관한 설명으로 적절하지 **않은** 것을 모두 고른 것은? (다툼이 있는 경우 판례에 의함)

> ㉠ 「범죄피해자 보호법」에 따르면 국가는 구조피해자나 유족이 해당 구조대상 범죄피해를 원인으로 하여 손해배상을 받았으면 그 범위에서 구조금을 지급하지 아니한다.
> ㉡ 구 「범죄피해자구조법」 조항에서 범죄피해가 발생한 날부터 5년이 경과한 경우에는 구조금의 지급신청을 할 수 없다고 규정한 것은 오늘날 여러 정보에 대한 접근이 용이해진 점 등에 비추어 보면 합리적인 이유가 있다고 할 것이어서 평등원칙에 위반되지 아니한다.
> ㉢ 범죄피해구조금을 받을 권리는 해당 구조대상 범죄피해의 발생을 안 날부터 2년간 행사하지 아니하면 시효로 인하여 소멸된다.
> ㉣ 범죄피해구조금을 받을 권리는 그 2분의 1 상당액에 한하여 양도 또는 담보로 제공하거나 압류할 수 있다.

① ㉠, ㉡   ② ㉢, ㉣
③ ㉠, ㉢   ④ ㉡, ㉣

경찰공무원(순경) 채용시험
- 제3회 경찰헌법 봉투모의고사 -

목 차

- 일반공채(101경비단) -

[헌　　법] ··· 00

[형 사 법] ··· 00

[경 찰 학] ··· 00

- 전의경 경채 -

[형　　법] ··· 00

[형사소송법] ··· 00

[경 찰 학] ··· 00

응시자 유의사항

응시자는 반드시 기재된 과목명(전의경 경채의 경우 과목 순서)에 맞게 표기하여야 하며, 과목을 바꾸어 표기한 경우에도 상단에 기재된 과목 수선대로 채점되므로 유의하시기 바랍니다.

※ 시험이 시작되기 전까지 표지를 넘기지 마십시오.

경 찰 청

사이버경찰청 : http://www.police.go.kr
원수접수사이트 : http://gosi.police.go.kr

헌법

문 1. 헌법전문과 헌법의 기본원리에 관한 설명으로 옳은 것을 모두 고른 것은? (다툼이 있는 경우 판례에 의함)

㉠ '3·1운동으로 건립된 대한민국임시정부의 법통'의 계승을 천명하고 있는 헌법전문에 비추어 외교부장관은 일본군 위안부 피해자들의 일본에 대한 배상청구권 실현을 위해 적극적으로 노력할 구체적 작위의무가 있다.
㉡ 헌법 전문에서 '대한민국은 3·1운동으로 건립된 대한민국임시정부의 법통을 계승하(였다)'라고 규정되어 있지만, 국가가 독립유공자의 후손인 청구인에게 일본제국주의의 각종 통치기구 등으로부터 수탈당한 청구인 조상들의 특정 토지에 관하여 보상을 해주어야 할 작위의무가 헌법에서 유래하는 작위의무로 특별히 구체적으로 규정되어 있다거나 해석상 도출된다고 볼 수 없다.
㉢ 태평양전쟁 전후 일제에 의한 강제동원으로 피해를 입은 자에 대한 위로금 지급에 있어 대한민국 국적을 갖고 있지 않은 유족을 위로금 지급대상에서 제외하는 것은 정의·인도와 동포애로써 민족의 단결을 공고히 할 것을 규정한 헌법전문에 비추어 헌법에 위반된다.
㉣ 통일정신, 국민주권원리 등은 우리나라 헌법의 연혁적·이념적 기초로서 헌법이나 법률해석에서의 해석기준으로 작용하므로 그에 기하여 곧바로 국민의 개별적 기본권성을 도출해 낼 수 있다.

① ㉠, ㉡
② ㉠, ㉣
③ ㉡, ㉢
④ ㉠, ㉡, ㉢

문 2. 신뢰보호원칙에 관한 설명으로 옳은 것을 모두 고른 것은? (다툼이 있는 경우 판례에 의함)

㉠ 「군인연금법」상 퇴역연금 수급권자가 「사립학교직원 연금법」제3조의 학교기관으로부터 보수 기타 급여를 지급받는 경우에는 대통령령이 정하는 바에 따라 퇴역연금의 전부 또는 일부의 지급을 정지할 수 있도록 하는 것은 신뢰보호원칙에 위반되지 않는다.
㉡ 무기징역의 집행 중에 있는 자의 가석방 요건을 종전의 '10년 이상'에서 '20년 이상' 형 집행 경과로 강화한 개정 「형법」조항을 「형법」 개정 시에 이미 수용 중인 사람에게도 적용하는 것은 가석방을 기대하고 있던 수형자가 국가 공권력에 대해 가지고 있던 적법한 신뢰를 보호하지 않는 것으로서 신뢰보호의 원칙에 위반된다.
㉢ 전부개정된 「성폭력범죄의 처벌에 관한 특례법」 시행 전에 행하여졌으나 아직 공소시효가 완성되지 아니한 성폭력범죄에 대해서도 공소시효의 정지·배제조항을 적용하는 「성폭력범죄의 처벌에 관한 특례법」 조항은 신뢰보호원칙에 위반되지 않는다.
㉣ 세무당국에 사업자등록을 하고 운전교습에 종사해 왔음에도 불구하고, 자동차운전학원으로 등록한 경우에만 자동차운전교습업을 영위할 수 있도록 법률을 개정하는 것은 신뢰보호의 원칙에 반하여 헌법에 위배된다.

① 1개
② 2개
③ 3개
④ 4개

문 3. 선거권에 관한 설명으로 가장 적절한 것은? (다툼이 있는 경우 판례에 의함)

① 구 「공직선거법」에서 지방자치단체의 장 선거 예비후보자가 정당의 공천심사에서 탈락한 후 후보자등록을 하지 않은 경우를 기탁금 반환 사유로 규정하지 않은 것은 과잉금지원칙에 위배된다.
② 지역구국회의원선거에서 후보자가 유효투표총수의 100분의 10 이상을 득표한 경우에는 기탁금 전액에서 일정 비용을 공제한 나머지 금액을 기탁자에게 반환한다.
③ 입법자는 국회의원 선거에 관한 법률을 규정함에 있어 폭넓은 입법형성의 자유를 가지므로 선거구에 관한 입법을 할 것인지 여부에 대해서도 입법형성의 자유가 존재한다.
④ 선거구 획정에 있어서 인구비례의 원칙에 의한 투표가치의 평등은 헌법적 요청으로서 다른 요소에 비해 기본적이고 일차적인 기준이어야 하므로, 자치구·시·군의원 선거구 획정에 있어서 행정구역 내지 지역대표성 등 2차적 요소를 고려해서는 아니 된다.

문 4. 공무담임권에 관한 설명으로 가장 적절한 것은? (다툼이 있는 경우 판례에 의함)

① 공무담임권의 보호영역에는 공직취임의 기회의 자의적인 배제만이 포함될 뿐, 공무원 신분의 부당한 박탈은 포함되지 않는다.
② 국방부 등의 보조기관에 근무할 수 있는 기회를 현역군인에게만 부여하고 군무원에게는 부여하지 않는 법률조항은 군무원의 공무담임권을 침해하지 않는다.
③ 헌법 제25조의 공무담임권의 보호영역에는 일반적으로 공직취임의 기회보장, 신분박탈, 직무의 정지가 포함되는 것일 뿐만 아니라, 여기서 더 나아가 공무원이 특정의 장소에서 근무하는 것 또는 특정의 보직을 받아 근무하는 것을 포함하는 일종의 '공무수행의 자유'까지 포함된다.
④ 원칙적으로 공직자선발에 있어 해당 공직이 요구하는 직무수행능력과 무관한 요소인 성별·종교·사회적 신분·출신지역 등을 이유로 하는 차별은 허용되지 않는다고 할 것이므로, 우리 헌법의 기본원리인 사회국가원리도 능력주의 원칙에 대한 예외로 작용할 수 없다.

문 5. 기본권주체성에 관한 설명으로 옳고 그름의 표시(O, X)가 바르게 된 것은? (다툼이 있는 경우 판례에 의함)

㉠ 태아는 생명의 유지를 모(母)에게 의존하는 형성 중의 생명이라는 점에서 국가가 헌법 제10조 제2문에 따라 태아의 생명을 보호할 의무를 부담한다고 볼 수는 없다.
㉡ 직장 선택의 자유는 국민의 권리로 보아야 할 것이므로 외국인에게는 직장 선택의 자유가 인정되지 않는다.
㉢ 근로의 권리는 사회적 기본권의 성격을 가지므로 인간의 권리인 자유권과 달리 외국인에게는 기본권 주체성을 인정하기 어렵다.
㉣ 축산업협동조합중앙회(이하 '축협중앙회')는 공법인성과 사법인성을 겸유한 특수한 법인으로서 기본권의 주체가 될 수 있으며, 이 경우 축협중앙회의 공법인적 특성이 축협중앙회의 기본권 행사에 제약요소로 작용하지 않는다.

① ㉠(O) ㉡(O) ㉢(X) ㉣(X)
② ㉠(O) ㉡(X) ㉢(O) ㉣(X)
③ ㉠(X) ㉡(O) ㉢(X) ㉣(O)
④ ㉠(X) ㉡(X) ㉢(X) ㉣(X)

문 6. 계약의 자유에 관한 설명으로 가장 적절한 것은? (다툼이 있는 경우 판례에 의함)

① 증여계약의 합의해제에 따라 신고기한 이내에 증여받은 재산을 반환하는 경우 처음부터 증여가 없었던 것으로 보는 대상에서 '금전'을 제외한 규정은 수증자의 계약의 자유를 침해한다.
② 임대차존속기간을 20년으로 제한한 민법 조항은 과잉금지원칙을 위반하여 계약의 자유를 침해하지 않는다.
③ 계약의 자유는 계약을 체결할 것인지의 여부, 체결한다면 어떠한 내용의 계약을, 어떠한 상대방과의 관계에서, 어떠한 방식으로 체결하느냐 하는 것도 당사자 자신이 자기의사로 결정하는 자유뿐만 아니라, 원치 않는 계약의 체결을 법이나 국가에 의하여 강제 받지 않을 자유도 포함한다.
④ 「이동통신단말장치 유통구조 개선에 관한 법률」상 이동통신단말장치 구매지원금 상한 조항은 이동통신단말장치를 구입하고, 이동통신서비스의 이용에 관한 계약을 체결하고자 하는 자의 일반적 행동자유권에서 파생하는 계약의 자유를 침해한다.

문 7. 평등권에 관한 설명으로 가장 적절한 것은? (다툼이 있는 경우 판례에 의함)

① 공무원이 지위를 이용하여 범한 공직선거법위반죄에 대하여 일반인이 범한 공직선거법위반죄와 달리 해당 선거일 후 10년으로 공소시효를 정한 공직선거법 규정은 합리적인 이유 있는 차별로서 평등원칙에 위반되지 않는다.
② 확정판결의 기초가 된 민사나 형사의 판결, 그 밖의 재판 또는 행정처분이 다른 재판이나 행정처분에 따라 바뀌어 당사자가 행정소송의 확정판결에 대하여 재심을 제기하는 경우, 재심제기기간을 30일로 정한 「민사소송법」을 준용하는 「행정소송법」 제8조 제2항 중 「민사소송법」 제456조 제1항 가운데 제451조 제1항 제8호에 관한 부분을 준용하는 부분은 행정소송 당사자의 평등권을 침해한다.
③ 「학교폭력예방 및 대책에 관한 법률」 조항이 학교폭력의 가해학생에 대한 모든 조치에 대해 피해학생 측에는 재심을 허용하면서 가해학생 측에는 퇴학과 전학의 경우에만 재심을 허용하고 나머지 조치에 대해서는 재심을 허용하지 않도록 한 것은 평등권을 침해한다.
④ 1991년 개정 「농어촌의료법」이 적용되기 전에 공중보건의사로 복무한 사람이 사립학교 교직원으로 임용된 경우 공중보건의사로 복무한 기간을 사립학교 교직원 재직기간에 산입하도록 규정하지 않은 「사립학교교직원 연금법」상 조항은 공중보건의사가 출·퇴근을 하며 병역을 이행한다는 점에서 그 복무기간을 재직기간에 산입하지 않는 것에 합리적 이유가 있다.

문 8. 형벌불소급 원칙에 관한 설명으로 가장 적절하지 **않은** 것은? (다툼이 있는 경우 판례에 의함)

① 형벌불소급의 원칙은 형사추추가 "언제부터 어떠한 조건 하에서" 가능한가의 문제에 관한 것이고, "얼마동안" 가능한가의 문제에 관한 것이 아니다.
② 범죄행위 당시에 없었던 위치추적 전자장치 부착 명령을 출소예정자에게 소급적용할 수 있도록 한 「특정 범죄자에 대한 위치추적 전자장치 부착 등에 관한 법률」 부칙 경과조항은 피부착자의 인격권을 침해하지 않는다.
③ 「가정폭력범죄의 처벌 등에 관한 특례법」이 정한 보호처분 중의 하나인 사회봉사명령은 형사처벌에 대신하여 부과되는 것으로서 가정폭력범죄를 범한 자에게 여가시간을 박탈하여 실질적으로 신체의 자유를 제한하므로 형벌불소급원칙의 적용을 받는다.
④ 1억원 이상의 벌금형을 선고하는 경우 노역장유치기간의 하한을 정한 「형법」 조항을 시행일 이후 최초로 공소제기되는 경우부터 적용하도록 한 「형법」 부칙조항은 형벌불소급원칙에 위배되지 않는다.

문 9. 비례의 원칙에 관한 설명으로 가장 적절하지 **않은** 것은? (다툼이 있는 경우 판례에 의함)

① 일정한 범죄에 대하여 어떠한 형벌을 과할 것인가를 정하는 것은 입법재량에 속하나, 여기에는 비례의 원칙이 준수되어야 한다.
② 특정한 범죄에 대한 형벌이 그 자체로서의 책임과 형벌의 비례원칙에 위반되지 않더라도 보호법익과 죄질이 유사한 범죄에 대한 형벌과 비교할 때 현저히 불합리하거나 자의적이어서 형벌체계상의 균형을 상실한 것이 명백한 경우에는 평등원칙에 반하여 위헌이라 할 수 있다.
③ 음주운전 금지규정을 2회 이상 위반한 사람을 2년 이상 5년 이하의 징역이나 1천만원 이상 2천만원 이하의 벌금에 처하도록 한 구 도로교통법 조항은 보호법익에 미치는 위험 정도가 비교적 낮은 유형의 재범 음주운전행위도 일률적으로 그 법정형의 하한인 2년 이상의 징역 또는 1천만원 이상의 벌금을 기준으로 처벌하도록 하고 있어 책임과 형벌 간의 비례원칙에 위반된다.
④ 예비군대원의 부재시 예비군훈련 소집통지서를 수령한 같은 세대 내의 가족 중 성년자가 정당한 사유 없이 소집통지서를 본인에게 전달하지 아니한 경우 6개월 이하의 징역 또는 500만 원 이하의 벌금에 처하도록 규정한 「예비군법」상 조항은 책임과 형벌의 비례원칙에 위반되지 않는다.

문 10. 변호인의 조력을 받을 권리에 관한 설명으로 가장 적절하지 **않은** 것은? (다툼이 있는 경우 판례에 의함)

① 우리 헌법은 변호인의 조력을 받을 권리가 불구속 피의자·피고인 모두에게 포괄적으로 인정되는지 여부에 관하여 명시적으로 규율하고 있지는 않지만, 불구속 피의자의 경우에도 변호인의 조력을 받을 권리는 우리 헌법에 나타난 법치국가원리, 적법절차원칙에서 인정되는 당연한 내용이다.
② 피고인에게 보장된 변호인의 조력을 받을 권리는 변호인과의 자유로운 접견교통권에 그치지 아니하고 더 나아가 변호인을 통하여 수사서류를 포함한 소송관계 서류를 열람·등사하고 이에 대한 검토결과를 토대로 공격과 방어의 준비를 할 수 있는 권리도 포함된다.
③ 「형사소송법」은 차폐시설을 설치하고 증인신문절차를 진행할 경우 피고인으로부터 의견을 듣도록 하는 등 피고인이 받을 수 있는 불이익을 최소화하기 위한 장치를 마련하고 있으므로, '피고인 등'에 대하여 차폐시설을 설치하고 신문할 수 있도록 한 것이 변호인의 조력을 받을 권리를 침해한다고 할 수는 없다.
④ 법원이 검사의 열람·등사 거부처분에 정당한 사유가 없다고 판단하고 그러한 거부처분이 피고인의 헌법상 기본권을 침해한다는 취지에서 수사서류의 열람·등사를 허용하도록 명한 이상 검사로서는 당연히 법원의 그러한 결정에 지체 없이 따라야 하지만, 별건으로 공소제기되어 확정된 관련 형사사건 기록에 관한 경우에는 이를 따르지 않을 수 있다.

문 11. 양심의 자유에 관한 설명으로 가장 적절한 것은? (다툼이 있는 경우 판례에 의함)

① 취업규칙에서 사용자가 사고나 비위행위 등을 저지른 근로자에게 시말서를 제출하도록 명령할 수 있다고 규정하는 경우, 그 시말서가 단순히 사건의 경위를 보고하는 데 그치지 않고 '자신의 잘못을 반성하고 사죄한다는 내용'이 포함된 사죄문 또는 반성문의 의미를 가지고 있다 할지라도 이를 두고 양심의 자유를 침해하였다고 볼 수는 없다.
② 수범자가 스스로 수혜를 포기하거나 권고를 거부함으로써 법질서와 충돌하지 아니한 채 자신의 양심을 유지, 보존할 수 있는 경우에는 양심의 자유에 대한 침해가 될 수 없다.
③ 가해학생에 대한 조치로 피해학생에 대한 서면사과를 규정한 조항은 가해학생의 양심의 자유와 인격권을 과도하게 침해한다고 본다.
④ 전투경찰순경이 법률에 근거한 경찰공무원으로서 시위진압업무를 수행하는 것이 양심의 자유를 침해한다.

문 12. 종교의 자유에 관한 설명으로 가장 적절한 것은? (다툼이 있는 경우 판례에 의함)

① 종교 의식 내지 종교적 행위와 밀접한 관련이 있는 시설의 설치와 운영은 종교의 자유를 보장하기 위한 전제에 해당되므로 종교적 행위의 자유에 포함된다. 따라서 종교단체가 종교적 행사를 위하여 종교집회장 내에 납골시설을 설치하여 운영하는 것은 종교행사의 자유와 관련된 것이고, 그러한 납골시설의 설치를 금지하는 것은 종교행사의 자유를 제한하는 것이다.
② 종교단체가 운영하는 학교 형태 혹은 학원 형태의 교육기관도 예외 없이 학교설립인가 혹은 학원설립등록을 받도록 규정한 것은 종교의 자유를 침해하여 헌법에 위반된다.
③ 종교단체의 복지시설 운영에 대한 제한은 종교단체 내 복지시설을 운영하는 법인의 인격권 및 법인운영의 자유를 제한하는 것이므로 종교의 자유 침해가 아닌 법인운영의 자유를 침해하는지 여부에 대한 문제로 귀결된다.
④ 국가 또는 지방자치단체 외의 자가 양로시설을 설치하고자 하는 경우 신고하도록 규정하고 이를 위반한 경우 처벌하는 「노인복지법」 조항을 종교단체에서 구호활동의 일환으로 운영하는 양로시설에도 적용하는 것은, 종교의 특수성을 몰각하는 것으로 종교의 자유를 침해한다.

문 13. 표현의 자유에 관한 설명으로 가장 적절하지 **않은** 것은? (다툼이 있는 경우 판례에 의함)

① 헌법 제21조 제4항은 "언론·출판은 타인의 명예나 권리 또는 공중도덕이나 사회윤리를 침해하여서는 아니 된다."고 규정하고 있는 바, 이는 언론·출판의 자유에 따르는 책임과 의무를 강조하는 동시에 언론·출판의 자유에 대한 제한의 요건을 명시한 규정으로 볼 것이고, 헌법상 표현의 자유의 보호영역 한계를 설정한 것이라고는 볼 수 없기 때문에, 음란표현도 헌법 제21조가 규정하는 언론·출판의 자유의 보호영역에서는 해당하되, 다만 헌법 제37조 제2항에 따라 제한할 수 있는 것이다.
② 광고가 단순히 상업적인 상품이나 서비스에 관한 사실을 알리는 경우에는 그 내용이 공익을 포함하고 있더라도 헌법 제21조의 표현의 자유에 의하여 보호되는 것은 아니다.
③ 헌법 제21조에서 보장하고 있는 언론·출판의 자유 즉 표현의 자유는 전통적으로는 사상 또는 의견의 자유로운 표명(발표의 자유)과 그것을 전파할 자유(전달의 자유)를 의미하고, 개인이 인간으로서의 존엄과 가치를 유지하고 행복을 추구하며 국민주권을 실현하는데 필수불가결한 것으로서, 종교의 자유, 양심의 자유, 학문과 예술의 자유 등의 정신적인 자유를 외부적으로 표현하는 자유라고 할 수 있다.
④ 비의료인의 의료에 관한 광고를 금지하고 처벌하는 「의료법」 조항은 국민의 생명권과 건강권을 보호하고 국민의 보건에 관한 국가의 보호의무를 이행하기 위하여 필요한 최소한도 내의 제한이라고 할 것이므로, 비의료인의 표현의 자유를 침해하지 않는다.

문 14. 집회의 자유에 관한 설명으로 가장 적절하지 **않은** 것은? (다툼이 있는 경우 판례에 의함)

① 집회의 자유는 집회의 시간, 장소, 방법과 목적을 스스로 결정할 권리, 즉 집회를 하루 중 언제 개최할지 등 시간 선택에 대한 자유와 어느 장소에서 개최할지 등 장소 선택에 대한 자유를 내포하고 있다.
② 헌법 제21조 제2항은 헌법 자체에서 언론·출판에 대한 허가나 검열의 금지와 더불어 집회에 대한 허가금지를 명시함으로써, 집회의 자유에 있어서는 다른 기본권 조항들과는 달리, '허가'의 방식에 의한 제한을 허용하지 않겠다는 헌법적 결단을 분명히 하고 있다.
③ 외교기관 인근에서의 집회가 일반적으로 다른 장소와 비교할 때 중요한 보호법익과의 충돌상황을 야기할 수 있다거나, 이로써 법익에 대한 침해로 이어질 개연성이 높다고는 할 수 없다.
④ 경찰의 촬영행위는 개인정보자기결정권의 보호대상이 되는 신체, 특정인의 집회·시위 참가 여부 및 그 일시·장소 등의 개인정보를 정보주체의 동의 없이 수집하였다는 점에서 개인정보자기결정권을 제한할 수 있다.

문 15. 직업의 자유에 관한 설명으로 가장 적절한 것은? (다툼이 있는 경우 판례에 의함)

① 인터넷 게임의 결과물의 환전, 즉 게임이용자로부터 게임 결과물을 매수하여 다른 게임이용자에게 이윤을 붙여 되파는 것을 영업으로 하는 것은 생활의 기본적 수요를 충족시키는 계속적인 소득활동이 될 수 있으므로, 게임 결과물의 환전업은 헌법 제15조가 보장하고 있는 직업에 해당한다.
② 직업의 자유에 의한 보호의 대상이 되는 직업은 생활의 기본적 수요를 충족시키기 위한 계속적 소득활동을 의미하며, 그 개념표지가 되는 '계속성'의 해석상 휴가기간 중에 하는 일, 수습직으로서의 활동 등은 이에 포함되지 않는다.
③ 공립학교 학교운영위원회를 당해 학교의 교원대표·학부모대표 및 지역사회인사로만 구성하도록 하여 행정직원이 학교운영위원회의 직원대표로 입후보하는 것을 원천적으로 배제하는 것은 직업의 자유를 과도하게 제한한다.
④ 직장 선택의 자유는 인간의 존엄과 가치 및 행복추구권과도 밀접한 관련을 가지는 만큼 단순히 국민의 권리가 아닌 인간의 권리이기 때문에, 외국인도 국내에서 제한 없이 직장 선택의 자유를 향유할 수 있다고 보아야 한다.

문 16. 재산권에 관한 설명으로 가장 적절한 것은? (다툼이 있는 경우 판례에 의함)

① '불법적인 사용의 경우에 인정되는 수용청구권'은 재산권의 일종이다.
② 시혜적 입법의 시혜대상에서 제외되었다는 이유만으로 재산권의 침해가 발생하는 것은 아니고 시혜대상에 포함될 경우 얻을 수 있었던 재산상 이익의 기대가 성취되지 않았다고 하여도 이와 같은 단순한 재산상 이익에 대한 기대는 헌법이 보호하는 재산권의 영역에 포함되지 아니한다.
③ 공제회가 관리·운용하는 학교안전공제 및 사고예방기금은 헌법상 재산권에 해당한다.
④ 「국민연금법」상 연금수급권 내지 연금수급기대권이 재산권의 보호대상인 사회보장적 급여라고 한다면 사망일시금은 헌법상 재산권에 해당한다.

문 17. 교육의 자주성·전문성·정치적 중립성에 관한 설명으로 가장 적절하지 <u>않은</u> 것은? (다툼이 있는 경우 판례에 의함)

① 국가는 국민의 교육을 받을 권리라는 기본권을 보장하고 의무교육을 시행하기 위하여 적기에 적절한 학교교지를 확보하여야 할 의무가 있다는 점 및 이를 고려하여 학교교지에 대하여는 유상으로 취득하도록 하는 점에 비추어 보면, 학교교지의 조성·개발에 소요된 비용 역시 국가등이 부담하는 것이 상당하다.
② 헌법 제31조 제4항에 의해 보장되는 교육의 자주성과 전문성은 '교육기관의 자유'와 '교육의 자유'를 보장함으로써 비로소 달성할 수 있는데, '교육기관의 자유'는 교육을 담당하는 교육기관의 교육운영에 관한 자주적인 결정권을 그 내용으로 하고, '교육의 자유'는 교육내용이나 교육방법 등에 관한 자주적인 결정권을 그 내용으로 한다.
③ 의무교육이 아닌 중등교육에 관한 교육재정과 관련하여 재정조달 목적의 부담금을 징수할 수 있다고 하더라도, 수분양자들의 구체적 사정을 거의 고려하지 않은 채 수분양자 모두를 일괄적으로 동일한 의무집단에 포함시켜 동일한 학교용지부담금을 부과하는 것은 합리적 근거가 없는 차별에 해당한다.
④ 사립학교법인이 의무의 부담을 하고자 할 때에는 관할청의 허가를 받도록 하는 것은 사립학교 운영의 자유를 침해하는 것이므로 위헌이다.

문 18. 청원권에 관한 설명으로 가장 적절하지 <u>않은</u> 것은? (다툼이 있는 경우 판례에 의함)

① 국회에 청원을 하려는 자는 의원의 소개를 받거나 국회규칙으로 정하는 기간 동안 국회규칙으로 정하는 일정한 수 이상의 국민의 동의를 받아 청원서를 제출하여야 한다.
② 청원기관의 장이 「청원법」상 처리기간 내에 청원을 처리하지 못한 경우 청원인은 처리기간이 경과한 날부터 30일 이내에 청원기관의 장에게 문서로 이의신청을 할 수 있다.
③ 법률·명령·조례·규칙 등의 제정·개정 또는 폐지는 「청원법」상 청원사항에 해당하지 않는다.
④ 청원권은 공권력과의 관계에서 일어나는 여러 가지 이해관계, 의견, 희망 등에 관하여 적법한 청원을 한 모든 국민에게 그 주관관서인 국가기관이 청원을 수리할 뿐만 아니라 이를 심사하여 청원자에게 그 처리결과를 통지할 것을 요구할 수 있는 권리를 말한다.

문 19. 재판청구권에 관한 설명으로 가장 적절하지 <u>않은</u> 것은? (다툼이 있는 경우 판례에 의함)

① 재심은 판결에 대한 불복방법의 하나인 점에서는 상소와 마찬가지라고 할 수 있지만, 확정판결에 대한 불복방법인 점에서 상소와 다르고, 확정판결에 대한 법적 안정성의 요청은 미확정판결에 대한 그것보다 훨씬 크기 때문에, 상소보다 더 예외적으로 인정되어야 한다는 점에서 본질적인 차이가 있다.
② 단독판사와 합의부의 심판권을 어떻게 분배할 것인지 등에 관한 문제는 기본적으로 입법형성권을 가진 입법자가 사법정책을 고려하여 결정할 사항으로, 입법자는 국민의 권리가 효율적으로 보호되고 재판제도가 적정하게 운용되도록 법원조직에 따른 재판사무 범위를 배분·확정하여야 한다.
③ 「조세범 처벌절차법」에 따른 통고처분을 행정쟁송의 대상에서 제외시킨 「국세기본법」 제55조 제1항 단서 제1호는 재판청구권을 침해한다.
④ 재판청구권을 규정한 헌법 제27조 제1항의 규정만으로 헌법이 기소유예처분에 대하여 피의자가 불복하여 재판을 받을 수 있는 절차를 마련하여야 할 명시적인 입법의무를 부여하였다고 볼 수 없다.

문 20. 병역의 의무에 관한 설명으로 가장 적절한 것은? (다툼이 있는 경우 판례에 의함)

① 「향토예비군설치법」에 따라 예비군훈련소집에 응하여 훈련을 받는 것은 국민의 의무를 다하는 것일 뿐만 아니라 국가나 공익목적을 위하여 특별한 희생을 하는 것이므로 보상하여야 한다.

② 헌법은 국방의 의무를 국민에게 부과하면서 병역의무의 이행을 이유로 불이익한 처우를 하는 것을 금지하고 있는데, 여기서 '불이익한 처우'라 함은 법적인 불이익뿐만이 아니라 사실상, 경제상의 불이익을 모두 포함하는 것으로 이해해야 한다.

③ 병역의무는 국민 전체의 인간으로서의 존엄과 가치를 보장하기 위한 것이므로, 양심적 병역거부자의 양심의 자유가 국방의 의무보다 우월한 가치라고 할 수 없다.

④ 국가정보원이 주관하는 신규채용 경쟁시험에서 '남자는 병역을 필한 자'로 제한하여, 현역군인 신분자의 시험응시기회를 제한하는데, 이는 병역의무를 이행하느라 받는 불이익이므로 헌법 제39조 제2항에서 금지하는 '불이익한 처우'에 해당한다.

경찰공무원(순경) 채용시험
- 제4회 경찰헌법 봉투모의고사 -

목 차

- 일반공채(101경비단) -

[헌　　법] ··· 00

[형 사 법] ··· 00

[경 찰 학] ··· 00

- 전의경 경채 -

[형　　법] ··· 00

[형사소송법] ··· 00

[경 찰 학] ··· 00

응시자 유의사항

응시자는 반드시 기재된 과목명(전의경 경채의 경우 과목 순서)에 맞게 표기하여야 하며, 과목을 바꾸어 표기한 경우에도 상단에 기재된 과목 수선대로 채점되므로 유의하시기 바랍니다.

※ 시험이 시작되기 전까지 표지를 넘기지 마십시오.

경　찰　청

사이버경찰청 : http://www.police.go.kr
원수접수사이트 : http://gosi.police.go.kr

헌법

문 1. 국가긴급권에 관한 설명으로 가장 적절한 것은? (다툼이 있는 경우 판례에 의함)

① 대통령의 긴급재정경제처분은 처분으로서의 효력을 갖는 데 지나지 않으므로 국회의 승인을 요하지는 않으나 각급 법원에 의한 심사대상이 된다.

② 대통령은 전시·사변 또는 이에 준하는 국가비상사태에 있어서 병력으로써 군사상의 필요에 응하거나 공공의 안녕질서를 유지할 필요가 있고 국회의 집회가 불가능한 때에 한하여 계엄을 선포할 수 있다.

③ 대통령이 계엄을 선포할 때에는 국무회의의 심의를 거쳐야 하나, 계엄을 변경하고자 할 때에는 국무회의의 심의를 거칠 필요가 없다.

④ 계엄사령관은 계엄의 시행에 관하여 국방부장관의 지휘·감독을 받는다. 다만, 전국을 계엄지역으로 하는 경우와 대통령이 직접 지휘·감독을 할 필요가 있는 경우에는 대통령의 지휘·감독을 받는다.

문 2. 국적에 관한 설명으로 가장 적절한 것은? (다툼이 있는 경우 판례에 의함)

① 대한민국의 국민만이 누릴 수 있는 권리 중 대한민국의 국민이었을 때 취득한 것으로서 양도할 수 있는 것은 그 권리와 관련된 법령에서 따로 정한 바가 없으면 2년 내에 대한민국의 국민에게 양도하여야 한다.

② 법무부장관으로 하여금 거짓이나 그 밖의 부정한 방법으로 귀화허가를 받은 자에 대하여 그 허가를 취소할 수 있도록 규정하면서도 그 취소권의 행사기간을 따로 정하고 있지 아니한 「국적법」 조항은 귀화허가취소의 기준·절차와 그 밖의 필요한 사항을 모두 하위법령에 위임하고 있어 시행령의 내용을 종합적으로 살펴보더라도 취소권의 행사기간을 전혀 예측할 수 없으므로 포괄위임입법금지원칙에 위반된다.

③ 복수국적자가 외국에 주소가 있는 경우에만 국적이탈을 신고할 수 있도록 하는 「국적법」 제14조 제1항 본문은 복수국적자의 기회주의적 국적이탈을 방지하여 국민으로서 마땅히 부담해야 할 의무에 대한 악의적 면탈을 방지하고 국가공동체 운영의 기본원리를 지키고자 적어도 외국에 주소가 있는 자에게만 국적이탈을 허용하려는 것이므로 목적이 정당하고 그 수단도 적합하다.

④ 1978. 6. 14.부터 1998. 6. 13. 사이에 태어난 모계출생자가 대한민국 국적을 취득할 수 있도록 특례를 두면서 2004. 12. 31.까지 국적 취득신고를 한 경우에만 대한민국 국적을 취득하도록 한 국적법 조항은 평등원칙에 위배된다.

문 3. 소급입법에 관한 설명으로 가장 적절한 것은? (다툼이 있는 경우 판례에 의함)

① 헌법 제13조 제2항이 금하고 있는 소급입법은, 이미 과거에 완성된 사실·법률관계를 규율의 대상으로 하는 이른바 진정소급효의 입법과 이미 과거에 시작하였으나 아직 완성되지 아니하고 진행과정에 있는 사실·법률관계를 규율의 대상으로 하는 이른바 부진정소급효의 입법을 모두 의미한다.

② 부당 환급받은 세액을 징수하는 근거규정인 개정조항을 개정된 법 시행 후 최초로 환급세액을 징수하는 분부터 적용하도록 규정한 「법인세법」 부칙 조항은 이미 완성된 사실·법률관계를 규율하는 진정소급입법에 해당하나, 이를 허용하지 아니하면 위 개정조항과 같이 법인세 부과처분을 통하여 효율적으로 환수하지 못하고 부당이득 반환 등 복잡한 절차를 거칠 수밖에 없어 중대한 공익상 필요에 의하여 예외적으로 허용된다.

③ 실종기간이 구법 시행기간 중에 만료되는 때에도 그 실종이 개정 「민법」 시행일 후에 선고된 때에는 상속에 관하여 개정 「민법」의 규정을 적용하도록 한 「민법」 부칙의 조항은 재산권 보장에 관한 신뢰보호원칙에 위배된다고 볼 수 없다.

④ 공무원이 '직무와 관련 없는 과실로 인한 경우' 및 '소속상관의 정당한 직무상의 명령에 따르다가 과실로 인한 경우'를 제외하고 재직 중의 사유로 금고 이상의 형을 받은 경우, 퇴직급여 등을 감액하도록 2009. 12. 31. 개정된 감액조항을 2009. 1. 1.까지 소급하여 적용하도록 규정한 「공무원연금법」 부칙조항은 소급입법금지원칙에 위반하지 않는다.

문 4. 선거권에 관한 설명으로 옳은 것을 모두 고른 것은? (다툼이 있는 경우 판례에 의함)

㉠ 당내경선에서 이루어지는 경선운동은 원칙적으로 공직선거에서의 당선 또는 낙선을 위한 행위인 선거운동에 해당하지 않으나, 경선운동을 금지하는 조항이 과잉금지원칙에 반하는지 여부를 판단할 때에는 엄격한 심사기준이 적용되어야 한다.
㉡ 서울교통공사의 상근직원은 서울교통공사의 경영에 관여하거나 실질적인 영향력을 미칠 수 있는 권한이 있다고 인정하기 어려우므로, 당원이 아닌 자에게도 투표권을 부여하여 실시하는 당내경선에서 서울교통공사의 상근직원이 경선운동을 할 수 없도록 일률적으로 금지·처벌하는 것은 정치적 표현의 자유를 과도하게 제한하는 것이다.
㉢ 농업협동조합장이 지방의회의원 선거후보자가 되려면 지방의회의원의 임기만료일 전 90일까지 그 직에서 해임되도록 규정한 구「지방의회의원선거법」조항은, 특정 계층의 여과된 이익과 전문가적 경험을 지방자치에서 조화있게 반영시키려는 것으로서 농업협동조합장의 공무담임권을 침해하지 않는다.
㉣ 특정한 지역구의 국회의원선거에 투표하기 위해서는 국민이라는 자격만으로 충분하므로, 주민등록이 되어 있지 않고 국내거소신고도 하지 않은 재외국민에게 임기만료지역구국회의원선거권을 인정하지 않은 것은 그 재외국민의 선거권을 침해하고 보통선거원칙에도 위배된다.

① ㉠, ㉡ ② ㉠, ㉢
③ ㉡, ㉣ ④ ㉢, ㉣

문 5. 기본권 주체성에 관한 설명으로 가장 적절한 것은? (다툼이 있는 경우 판례에 의함)

① 외국인의 기본권주체성은 기본권의 성질에 따라 인정여부가 결정되어야 하는바 「공직선거법」상 일정한 요건을 갖춘 외국인에게는 지방자치단체의 장에 대한 선거권이 인정되나, 「주민투표법」에 따른 투표의 경우에는 외국인에게 투표권이 인정되지 않는다.
② 「학교안전사고 예방 및 보상에 관한 법률」에 의하여 설립된 학교안전공제회는 행정관청 또는 그로부터 행정권한을 위임받은 공공단체로 공법인에 해당할 뿐, 사법인적 성격을 갖는 것은 아니므로 기본권의 주체가 될 수 없다.
③ 국가 및 그 기관 또는 조직의 일부나 공법인은 원칙적으로 기본권의 '수범자'로서 기본권의 주체가 되지 못하므로, 「주민소환에 관한 법률」에서 주민소환의 청구사유에 제한을 두지 아니하였다는 이유로 지방자치단체장이 자신의 공무담임권 침해를 다툴 수는 없다.
④ 주택재개발정비사업조합은 노후·불량한 건축물이 밀집한 지역에서 주거환경을 개선하여 도시의 기능을 정비하고 주거생활의 질을 높여야 할 국가의 의무를 대신하여 실현하는 기능을 수행하고 있으므로 구「도시 및 주거환경정비법」상 주택재개발정비사업조합이 공법인의 지위에서 기본권의 수범자로 기능하면서 행정심판의 피청구인이 된 경우에는 기본권의 주체가 될 수 없다.

문 6. 포괄적기본권에 관한 설명으로 적절한 것은? (다툼이 있는 경우 판례에 의함)

① 방송사업자가 심의규정을 위반한 경우 '시청자에 대한 사과'를 명할 수 있도록 규정한 구「방송법」조항은 방송사업자의 양심의 자유를 침해한다.
② 「진실·화해를 위한 과거사정리 기본법」에 따라 행정안전부장관, 법무부장관 등은 진실규명 사건 피해자의 명예회복을 위해 적절한 조치를 취할 의무가 있으나 이는 법령에서 유래하는 작위의무이지 헌법에서 유래하는 작위의무는 아니다.
③ 선거기사심의위원회가 불공정한 선거기사를 게재하였다고 판단한 언론사에 대하여 사과문 게재 명령을 하도록 한 「공직선거법」상의 사과문 게재 조항은 언론사인 법인의 인격권을 침해하는 것이 아니라 소극적 표현의 자유나 일반적 행동의 자유를 제한할 뿐이다.
④ 사법경찰관이 보험사기범 검거라는 보도자료 배포 직후 기자들의 취재 요청에 응하여 피의자가 경찰서 조사실에서 양손에 수갑을 찬 채 조사받는 모습을 촬영할 수 있도록 허용한 행위는 과잉금지원칙에 위반되어 피의자의 인격권을 침해한다.

문 7. 자기결정권에 관한 설명으로 가장 적절하지 <u>않은</u> 것은? (다툼이 있는 경우 판례에 의함)

① 「형법」상 자기낙태죄 조항은 「모자보건법」이 정한 예외를 제외하고는 임신기간 전체를 통틀어 모든 낙태를 전면적·일률적으로 금지하고, 이를 위반할 경우 형벌을 부과함으로써 임신의 유지·출산을 강제하고 있으므로, 임신한 여성의 자기결정권을 제한한다.
② 국가에게 태아의 생명을 보호할 의무가 있다고 하더라도 생명의 연속적 발전과정에 대하여 생명이라는 공통요소만을 이유로 하여 언제나 동일한 법적 효과를 부여하여야 하는 것은 아니므로 국가가 생명을 보호하는 입법적 조치를 취함에 있어 인간생명의 발달단계에 따라 그 보호정도나 보호수단을 달리하는 것은 불가능하지 않다.
③ 임신한 여성의 자기낙태를 처벌하는 「형법」제269조 제1항은 태아의 생명을 보호하기 위한 것으로서 그 입법목적은 정당하지만, 낙태를 방지하기 위하여 임신한 여성의 낙태를 형사처벌하는 것은 이러한 입법목적을 달성하는 데 적합한 수단이라고 할 수 없다.
④ 연명치료 중단, 즉 생명단축에 관한 자기결정은 생명권 보호의 헌법적 가치와 충돌하므로 '연명치료 중단에 관한 자기결정권'의 인정 여부가 문제되는 '죽음에 임박한 환자'란 '의학적으로 환자가 의식의 회복가능성이 없고 생명과 관련된 중요한 생체기능의 상실을 회복할 수 없으며 환자의 신체상태에 비추어 짧은 시간 내에 사망에 이를 수 있음이 명백한 경우'를 의미한다.

문 8. 평등권에 관한 설명으로 가장 적절하지 **않은** 것은? (다툼이 있는 경우 판례에 의함)

① 민사집행법상 경매절차에서의 매수신청보증금이 매수인의 대금미납으로 그에게 반환되지 아니하는 경우 국고에 귀속하지 않고 배당재원에 포함시키는 것과 달리 국세징수법상 공매절차에서 매각결정을 받은 매수인이 기한 내에 대금납부의무를 이행하지 아니하여 매각결정이 취소되는 경우 그가 납부한 계약보증금을 국고에 귀속하도록 규정한 국세징수법 조항은 국세징수절차와 민사집행절차의 성질이 다르므로 합리적 이유 있는 차별에 해당한다.
② '직계혈족, 배우자, 동거친족, 동거가족 또는 그 배우자' 이외의 친족 사이의 재산범죄를 친고죄로 규정한 「형법」 제328조 제2항은 일정한 친족 사이에서 발생한 재산범죄의 경우 피해자의 고소를 소추조건으로 정하여 피해자의 의사에 따라 국가형벌권 행사가 가능하도록 한 것으로서 합리적 이유가 있다.
③ 친고죄에 있어서 고소 취소가 가능한 시기를 제1심 판결선고 전까지로 제한한 형사소송법 조항은 항소심 단계에서 고소 취소된 사람을 자의적으로 차별하는 것이 아니다.
④ 고소인이나 고발인만을 항고권자로 규정한 「검찰청법」 조항은 동법상 항고를 통하여 불복할 수 없게 된 기소유예처분을 받은 피의자를 고소인이나 고발인에 비하여 합리적 이유 없이 차별하는 것이라 할 수 없다.

문 9. 명확성원칙에 관한 설명으로 가장 적절하지 **않은** 것은? (다툼이 있는 경우 판례에 의함)

① 「회계관계직원 등의 책임에 관한 법률」 제2조 제1호 카목의 '그 밖에 국가의 회계사무를 처리하는 사람'은 그 의미가 불명확하므로 명확성원칙에 위배된다.
② 허위재무제표작성 및 허위감사보고서작성을 처벌하는 「주식회사 등의 외부감사에 관한 법률」 조항 중 '그 위반행위로 얻은 이익 또는 회피한 손실액의 2배 이상 5배 이하의 벌금'은 명확성원칙에 위배되지 않는다.
③ 자산유동화계획에 의하지 아니하고 여유자금을 투자한 자를 처벌하는 「자산유동화에 관한 법률」 제40조 제2호 중 '제22조의 규정에 위반하여 자산유동화계획에 의하지 아니하고 여유자금을 투자한 자' 부분은 죄형법정주의 명확성원칙에 위배되지 않는다.
④ 납세의무자가 체납처분의 집행을 면탈할 목적으로 그 재산을 은닉·탈루하거나 거짓 계약을 하였을 때 형사처벌하는 「조세범 처벌법」 제7조 제1항 중 '납세의무자가 체납처분의 집행을 면탈할 목적으로' 부분은 죄형법정주의 명확성원칙에 위배되지 않는다.

문 10. 연좌제에 관한 설명으로 옳고 그름의 표시(O, X)가 바르게 된 것은? (다툼이 있는 경우 판례에 의함)

㉠ 「고위공직자범죄수사처설치및운영에관한법률」 제2조 및 같은 법 제3조 제1항에 따라 고위공직자의 가족은 고위공직자의 직무와 관련하여 죄를 범한 경우 수사처의 수사대상이 되는데, 이는 헌법상 연좌제금지원칙에서 규율하고자 하는 대상이다.
㉡ 회계책임자가 「공직선거법」이나 「정치자금법」 소정의 조항을 위반하여 300만 원 이상의 벌금형을 선고받아 확정된 경우, 후보자의 당선이 무효로 되도록 규정한 「공직선거법」 조항은 후보자의 관리·감독책임 없음을 입증하여 면책될 가능성조차 부여하지 아니하여, 책임주의원칙에 위배되어 국회의원당선자의 공무담임권을 침해한다.
㉢ 구 「공직자윤리법」상 매각 또는 백지신탁의 대상이 되는 주식의 보유한도액을 결정함에 있어 국회의원 본인뿐만 아니라 본인과 일정한 친족관계가 있는 자들의 보유주식 역시 포함하도록 하고 있는 것은 연좌제에 해당하여 헌법에 위배된다.
㉣ 학교법인의 이사장과 특정관계에 있는 사람의 학교장 임명을 제한하는 「사립학교법」 해당 조항은 배우자나 직계가족이라는 인적 관계의 특성상 당연히 예상할 수 있는 일체성 내지 유착가능성을 근거로 일정한 제약을 가하는 것이다.

① ㉠(O) ㉡(O) ㉢(O) ㉣(X)
② ㉠(O) ㉡(X) ㉢(X) ㉣(O)
③ ㉠(X) ㉡(O) ㉢(O) ㉣(X)
④ ㉠(X) ㉡(X) ㉢(X) ㉣(O)

문 11. 진술거부권에 관한 설명으로 옳은 것을 모두 고른 것은? (다툼이 있는 경우 판례에 의함)

㉠ 진술거부권은 형사절차뿐만 아니라 행정절차나 국회에서의 조사절차 등에서도 보장되고, 현재 피의자나 피고인으로서 수사 또는 공판절차에 계속 중인 사람뿐만 아니라 장차 피의자나 피고인이 될 사람에게도 보장되며, 고문 등 폭행에 의한 강요는 물론 법률로써도 진술을 강요당하지 아니함을 의미한다.
㉡ 정치자금의 수입·지출에 관한 내역을 회계장부에 허위 기재하거나 관할 선거관리위원회에 허위 보고한 정당의 회계책임자를 형사처벌하는 구「정치자금에관한법률」제31조 제1호 중 제22조 제1항의 허위 기재 부분은, 기재행위가 "진술"의 범위에 포함되지 않으므로, 진술거부권을 제한한다고 볼 수 없다.
㉢ '대체유류'를 제조하였다고 신고하는 것이 곧 석유사업법위반죄를 시인하는 것이나 마찬가지라고 할 수 없고, 신고의무 이행 시 과세절차가 곧바로 석유사업법위반죄의 처벌을 위한 자료의 수집·획득 절차로 이행되는 것도 아니므로 유사석유제품을 제조하여 조세를 포탈한 자를 처벌하도록 규정한 구「조세범 처벌법」조항이 형사상 불리한 진술을 강요하는 것이라고 볼 수 없다.
㉣ 성매매를 한 자를 형사처벌 하도록 규정한「성매매알선 등 행위의 처벌에 관한 법률」상 자발적 성매매와 성매매피해자를 구분하는 차별적 범죄화는 성판매자로 하여금 성매매피해자로 구제받기 위하여 성매매 사실을 스스로 진술하게 하므로 성판매자의 진술거부권을 침해한다.

① ㉠, ㉡
② ㉠, ㉢
③ ㉡, ㉣
④ ㉢, ㉣

문 12. 개인정보자기결정권에 관한 설명으로 가장 적절하지 **않은** 것은? (다툼이 있는 경우 판례에 의함)

① 학교생활세부사항기록부의 '행동특성 및 종합의견'에 학교폭력예방법 제17조에 규정된 가해학생에 대한 조치사항을 입력하고, 이러한 내용을 학생의 졸업과 동시에 삭제하도록 규정한 학교생활기록 작성 및 관리지침이 법률유보원칙에 반하여 개인정보자기결정권을 침해하는 것이라 할 수 없다.
② 형제·자매에게 가족관계등록부 등의 기록사항에 관한 증명서 교부청구권을 부여하는 것은 본인의 개인정보자기결정권을 제한하는 것으로 개인정보자기결정권 침해 여부를 판단한 이상 인간의 존엄과 가치 및 행복추구권, 사생활의 비밀과 자유는 판단하지 않는다.
③ 아동·청소년에 대한 강제추행죄로 유죄판결이 확정된 자를 신상정보 등록대상자로 정하여 신상정보 관할 경찰관서의 장에게 신상정보를 제출하도록 하고 신상정보가 변경될 경우 그 사유와 변경내용을 제출하도록 하는 규정은 재범의 위험성에 대한 심사 없이 유죄판결을 받은 모든 자를 일률적으로 등록대상자로 정하므로 과잉금지원칙에 위반된다.
④「성폭력범죄의 처벌 등에 관한 특례법」상 공중밀집장소에서의 추행죄로 유죄판결이 확정된 자를 신상정보 등록대상자로 규정한 부분은 해당 신상정보 등록대상자의 개인정보자기결정권을 침해하지 않는다.

문 13. 표현의 자유에 관한 설명으로 가장 적절한 것은? (다툼이 있는 경우 판례에 의함)

① 변호사 등이 아님에도 변호사 등의 직무와 관련한 서비스의 취급·제공 등을 표시하거나 소비자들이 변호사 등으로 오인하게 만들 수 있는 자에게 광고를 의뢰하거나 참여·협조하는 행위를 금지하는 변호사 광고에 관한 규정은 변호사 자격제도를 유지하고 소비자의 피해를 방지하기 위한 적합한 수단이다.
② 사회복무요원이 정당 가입을 할 수 없도록 규정한「병역법」조항은 사회복지시설에 근무하는 사회복무요원의 경우에는 민간 영역에서 근무하고 그 직무의 성질상 정치적 중립성을 훼손할 가능성이 거의 없음에도 불구하고 일률적으로 정당에 가입하는 행위를 금지한다는 점에서 과잉금지원칙에 위배되어 사회복무요원인 청구인의 정치적 표현의 자유를 침해한다.
③ 공무원은 집단·연명으로 또는 단체의 명의를 사용하여 국가의 정책을 반대해서는 아니된다는 국가공무원 복무규정은 그러한 행위의 정치성이나 공정성 등을 불문하는 점, 그 적용대상이 되는 공무원의 범위가 제한적이지 않고 지나치게 광범위한 점, 그 행위가 근무시간 내에 행해지는지 근무시간 외에 행해지는지 여부를 불문하는 점에서 침해의 최소성 원칙에 위배되어, 공무원의 정치적 표현의 자유를 침해한다.
④ 사전허가금지의 대상은 언론·출판의 자유의 내재적 본질인 표현의 내용을 보장하는 것뿐만 아니라, 언론·출판을 위해 필요한 물적 시설이나 언론기업의 주체인 기업인으로서의 활동까지 포함된다.

문 14. 집회의 자유에 관한 설명으로 가장 적절한 것은? (다툼이 있는 경우 판례에 의함)

① 옥외집회·시위에 대한 사전신고 이후 기재사항의 보완, 금지통고 및 이의절차 등을 원활하게 진행하기 위하여 늦어도 집회가 개최되기 48시간 전까지 사전신고를 하도록 규정한 것은 지나친 기본권 제한이다.
② 각급 법원 인근에 집회·시위금지장소를 설정하는 것은 입법목적 달성을 위한 적합한 수단으로 볼 수 없다.
③ '신고하지 아니한 시위에 대하여 관할 경찰관서장이 해산명령을 발한 경우에, 시위 참가자가 해산명령을 받고도 지체 없이 해산하지 아니한 행위'를 징역 또는 벌금·구류 또는 과료로 처벌하는 「집회 및 시위에 관한 법률」 조항이 해산명령의 발령 여부를 관할 경찰관서장의 재량에 맡기고 있는 것은 구성요건의 실질적 내용을 전적으로 관할 경찰관서장에게 위임한 것으로 죄형법정주의의 법률주의에 위반된다.
④ 신고 범위를 뚜렷이 벗어난 집회·시위로 인하여 질서를 유지할 수 없어 해산을 명령하였음에도 불구하고 이에 불응한 경우에 처벌하는 「집회 및 시위에 관한 법률」상 조항은 과잉금지원칙을 위반하여 집회의 자유를 침해한다고 볼 수 없다.

문 15. 직업의 자유에 관한 설명으로 가장 적절한 것은? (다툼이 있는 경우 판례에 의함)

① 현금영수증 의무발행업종 사업자에게 건당 10만 원 이상 현금을 거래할 때 현금영수증을 의무 발급하도록 하고, 위반 시 현금영수증 미발급 거래대금의 100분의 50에 상당하는 과태료를 부과하도록 한 규정은 공익과 비교할 때 과태료 제재에 따른 불이익이 매우 커서 직업수행의 자유를 침해한다.
② 법인의 임원이 「학원의 설립·운영 및 과외교습에 관한 법률」을 위반하여 벌금형을 선고받은 경우, 법인의 등록이 효력을 잃도록 규정하는 것은 과잉금지원칙을 위배하여 법인의 직업수행의 자유를 침해한다.
③ 제조업의 직접생산공정업무를 근로자파견의 대상 업무에서 제외하는 「파견근로자보호 등에 관한 법률」 조항은 사용사업주의 직업수행의 자유를 침해한다.
④ 전통시장 등의 보호라는 명분으로 대형마트 등의 영업 자체를 규제하는 심판대상조항은 자유시장경제라는 우리 헌법상 경제질서에 반하는 규제입법으로서 시대의 흐름과 소매시장구조의 재편에 역행할 뿐만 아니라 소비자의 자기결정권을 과도하게 침해하여 헌법에 위배된다.

문 16. 사회보장수급권에 관한 설명으로 가장 적절하지 <u>않은</u> 것은? (다툼이 있는 경우 판례에 의함)

① 공무원에게 재해보상을 위하여 실시되는 급여의 종류로 휴업급여 또는 상병보상연금 규정을 두고 있지 않은 「공무원재해보상법」 제8조가 인간다운 생활을 할 권리를 침해할 정도에 이르렀다고 할 수는 없다.
② 「국민연금법」 제52조가 수급권자에게 2 이상의 급여의 수급권이 발생한 때 그 자의 선택에 의하여 그 중의 하나만을 지급하고 다른 급여의 지급을 정지하도록 한 것은 공공복리를 위하여 필요하고 적정한 방법으로 볼 수 없어 헌법 제37조 제2항의 기본권 제한의 입법적 한계를 일탈한 것으로 볼 수 있다.
③ 경과실의 범죄로 인한 사고는 개념상 우연한 사고의 범위를 벗어나지 않으므로 경과실로 인한 범죄행위에 기인하는 보험사고에 대하여 의료보험급여를 부정하는 것은 우연한 사고로 인한 위험으로부터 다수의 국민을 보호하고자 하는 사회보장제도로서의 의료보험의 본질을 침해하여 헌법에 위반된다.
④ 업무상 질병으로 인한 업무상 재해에 있어 업무와 재해 사이의 상당인과관계에 대한 입증책임을 이를 주장하는 근로자나 그 유족에게 부담시키는 「산업재해보상보험법」 규정이 근로자나 그 유족의 사회보장수급권을 침해한다고 볼 수 없다.

문 17. 교육제도 법정주의에 관한 설명으로 가장 적절하지 <u>않은</u> 것은? (다툼이 있는 경우 판례에 의함)

① 헌법 제31조 제6항의 취지는 교육에 관한 기본정책 또는 기본방침을 최소한 국회가 입법절차를 거쳐 제정한 법률(이른바 형성적 의미의 법률)로 규정함으로써 국민의 교육을 받을 권리가 행정관계에 의하여 자의적으로 무시되거나 침해 당하지 않도록 하고, 교육의 자주성과 중립성도 유지하려는 것이나, 반면 교육제도에 관한 기본방침을 제외한 나머지 세부적인 사항까지 반드시 형성적 의미의 법률만으로 정하여야 하는 것은 아니다.
② 교원의 지위를 포함한 교육제도 등의 법정주의를 규정하고 있는 헌법 제31조 제6항은 교원의 기본권보장 내지 지위보장뿐만 아니라 교원의 기본권을 제한하는 근거가 될 수도 있다.
③ 초·중등학교 교사인 청구인들이 교육과정에 따라 학생들을 가르치고 평가하여야 하는 법적인 부담이나 제약을 받는다고 하더라도 이는 헌법상 보장된 기본권에 대한 제한이라고 보기 어렵다.
④ 교수의 재임용을 절차적 보장이 없더라도 임용권자의 의사에 맡긴 것은 위헌이 아니다.

문 18. 공무원 등의 근로3권에 관한 설명으로 가장 적절하지 **않은** 것은? (다툼이 있는 경우 판례에 의함)

① 모든 청원경찰의 근로3권을 전면적으로 제한하는 법률조항을 통해 청원경찰이 경비하는 중요시설의 안전을 도모할 수 있음은 분명하나, 이로 인해 받는 불이익은 모든 청원경찰에 대한 근로3권의 전면적 박탈이라는 점에서, 심판대상조항은 법익의 균형성이 인정되지 아니한다.
② 교육공무원인 대학 교원을 「교원의 노동조합 설립 및 운영 등에 관한 법률」의 적용대상에서 배제한 것이 교육공무원인 대학교원의 단결권을 침해하는지 여부는 과잉금지원칙 위배 여부를 기준으로 심사한다.
③ 사인 간 기본권 충돌의 경우 입법자에 의한 규제와 개입은 개별 기본권 주체에 대한 기본권 제한의 방식으로 흔하게 나타나며, 근로계약이 사적 계약관계라는 이유로 국가가 개입할 수 없다고 볼 것은 아니다.
④ 단결권에는 근로자단체가 존립하고 활동할 수 있는 집단적 단결권도 포함되므로, 교원노조를 설립하거나 그에 가입하여 활동할 수 있는 자격을 초·중등학교에 재직 중인 교원으로 한정하는 것은, 해직 교원이나 실업·구직 중에 있는 교원 및 이들을 조합원으로 하여 교원노조를 조직·구성하려고 하는 교원노조의 단결권을 제한하는 것이다.

문 19. 혼인과 가족에 관한 권리 및 보건에 관한 권리에 관한 설명으로 가장 적절하지 **않은** 것은? (다툼이 있는 경우 판례에 의함)

① 혼인 중인 여자와 남편 아닌 남자 사이에서 출생한 자녀의 경우에 혼인 외 출생자의 신고의무를 모에게만 부과하고, 남편 아닌 남자인 생부에게 자신의 혼인 외 자녀에 대해서 출생신고를 할 수 있도록 규정하지 아니한 것은 생부의 평등권을 침해한다.
② 의료인이 아닌 자의 무면허의료행위를 일률적·전면적으로 금지한 구 「의료법」 조항은 국민의 생명권과 건강권을 보호하고 국민의 보건에 관한 국가의 보호의무를 이행하기 위한 조치로서, 이러한 기본권의 제한은 비례의 원칙에 부합한다.
③ 국가의 국민보건에 관한 보호의무를 명시한 헌법 제36조 제3항에 의한 권리를 헌법소원을 통하여 주장할 수 있는 자는 직접 자신의 보건이나 의료문제가 국가에 의해 보호받지 못하고 있는 의료 수혜자적 지위에 있는 국민이라고 할 것이므로, 의료시술자적 지위에 있는 안과의사가 자기 고유의 업무범위를 주장하여 다투는 경우에는 위 헌법규정을 원용할 수 없다.
④ 입양신고 시 신고사건 본인이 시·읍·면에 출석하지 아니하는 경우에는 신고사건 본인의 신분증명서를 제시하도록 한 「가족관계등록법」 규정은 입양당사자의 가족생활의 자유를 침해한다고 보기 어렵다.

문 20. 형사보상청구권에 관한 설명으로 옳고 그름의 표시(O, X)가 바르게 된 것은? (다툼이 있는 경우 판례에 의함)

㉠ 피고인이 대통령긴급조치 제9호 위반으로 제1, 2심에서 유죄판결을 선고받고 상고하여 상고심에서 구속집행이 정지된 한편 대통령긴급조치 제9호가 해제됨에 따라 면소판결을 받아 확정된 다음 사망한 경우 피고인의 처는 형사보상을 청구할 수 있다.
㉡ 「형사보상 및 명예회복에 관한 법률」에 따른 보상을 받을 자가 같은 원인에 대하여 다른 법률에 따라 손해배상을 받은 경우에 그 손해배상의 액수가 「형사보상 및 명예회복에 관한 법률」에 따라 받을 보상금의 액수와 같거나 그보다 많을 때에는 보상하지 아니한다.
㉢ 비용보상청구권의 제척기간을 무죄판결이 확정된 날부터 6개월로 제한한 구 「형사소송법」은 과잉금지원칙에 위반되어 청구인의 재판청구권 및 재산권을 침해하지 않는다.
㉣ 원판결의 근거가 된 가중처벌규정에 대하여 헌법재판소의 위헌결정이 있었음을 이유로 개시된 재심절차에서, 공소장의 교환적 변경을 통해 위헌결정된 가중처벌규정보다 법정형이 가벼운 처벌규정으로 적용 법조가 변경되어 피고인이 무죄판결을 받지는 않았으나 원판결보다 가벼운 형으로 유죄판결이 확정됨에 따라 원판결에 따른 구금형 집행이 재심판결에서 선고된 형을 초과하게 된 경우, 재심판결에서 선고된 형을 초과하여 집행된 구금에 대하여 보상요건을 규정하지 아니한 「형사보상 및 명예회복에 관한 법률」 제26조 제1항은 평등권을 침해한다.

① ㉠(O) ㉡(O) ㉢(X) ㉣(O)
② ㉠(O) ㉡(O) ㉢(O) ㉣(O)
③ ㉠(X) ㉡(O) ㉢(X) ㉣(X)
④ ㉠(X) ㉡(X) ㉢(O) ㉣(O)

경찰공무원 공개채용 필기시험 답안지

경찰공무원 공개채용 필기시험 답안지

경찰공무원 공개채용 필기시험 답안지

컴퓨터용 사인펜만 사용

경찰공무원 공개채용 필기시험 답안지

킹건호 경찰헌법
봉투모의고사
정답과 해설

4회분

경찰헌법의 NEW KING

제1회 경찰헌법 봉투모의고사

정답 모아보기

01 ④	02 ③	03 ④	04 ④	05 ③
06 ②	07 ①	08 ④	09 ③	10 ③
11 ①	12 ③	13 ②	14 ②	15 ④
16 ②	17 ①	18 ②	19 ④	20 ④

01 ④

① 【3회 출제】 × 《시간적 한계 인정됨》 국가긴급권의 행사는 헌법질서에 대한 중대한 위기상황의 극복을 위한 것이기 때문에, 본질적으로 **위기상황의 직접적인 원인을 제거하는데 필수불가결한 최소한도 내에서만 행사되어야 한다는 목적상 한계**가 있다. 또한 국가긴급권은 비상적인 위기상황을 극복하고 헌법질서를 수호하기 위해 헌법질서에 대한 예외를 허용하는 것이기 때문에 그 본질상 **일시적·잠정적으로만 행사되어야 한다는 시간적 한계가 있다**(헌재 2015. 3. 26. 2014헌가5). 20 경정, 15 법무사

② 【3회 출제】 × 《국무회의의 심의 거쳐야 함》 17 법원 9

> 헌법 제89조 다음 사항은 **국무회의의 심의를 거쳐야** 한다.
> 5. 대통령의 **긴급명령·긴급재정경제처분 및 명령 또는 계엄과 그 해제**

③ 【11회 출제】 × 《국회의 집회를 기다릴 여유가 없는 때 → 국회의 집회가 불가능한 때》 21 국회 9, 21 지방 7

> 헌법 제76조 ① 대통령은 **내우·외환·천재·지변** 또는 중대한 **재정·경제상의 위기**에 있어서 국가의 안전보장 또는 공공의 안녕질서를 유지하기 위하여 긴급한 조치가 필요하고 **국회의 집회를 기다릴 여유가 없을 때**에 한하여 최소한으로 필요한 **재정·경제상의 처분**을 하거나 이에 관하여 **법률의 효력을 가지는 명령**을 발할 수 있다.
> ② 대통령은 국가의 안위에 관계되는 **중대한 교전상태**에 있어서 국가를 보위하기 위하여 긴급한 조치가 필요하고 **국회의 집회가 불가능한 때**에 한하여 **법률의 효력을 가지는 명령**을 발할 수 있다.

④ 【4회 출제】 ○ 긴급재정경제명령은 정상적인 재정운용·경제운용이 불가능한 **중대한 재정·경제상의 위기가 현실적으로 발생**하여(그러므로 위기가 발생할 우려가 있다는 이유로 사전적·예방적으로 발할 수는 없다) 긴급한 조치가 필요함에도 국회의 폐회 등으로 국회가 현실적으로 집회될 수 없고 국회의 집회를 기다려서는 그 목적을 달할 수 없는 경우에 **이를 사후적으로 수습함으로써 기존질서를 유지·회복하기 위하여**(그러므로 **공공복지의 증진과 같은 적극적 목적**을 위하여는 발할 수 **없다**) 위기의 직접적 원인의 제거에 필수불가결한 최소의 한도내에서 헌법이 정한 절차에 따라 행사되어야 한다(헌재 1996. 2. 29. 93헌마186). 11 지방 7

02 ③

㉠ 【3회 출제】 ○ 일본인 여자가 한국인 남자와의 혼인으로 인하여 **한국의 국적을 취득하는 동시에 일본의 국적을 상실한 뒤 한국인 남자와 이혼하였다 하여 한국 국적을 상실하고 일본 국적을 다시 취득하는 것은 아니고** 동녀가 일본국에 복적할 때까지는 여전히 한국의 국적을 그대로 유지한다(대판 1976. 4. 23. 73마1051). 11 국회 8

㉡ ○ **국적회복과 귀화**는 모두 외국인이 후천적으로 법무부장관의 허가라는 주권적 행정절차를 통하여 대한민국 국적을 취득하는 제도라는 점에서 동일하나, **귀화**는 대한민국 국적을 취득한 사실이 없는 순수한 외국인이 법무부장관의 허가를 받아 대한민국 국적을 취득할 수 있도록 하는 절차인데 비해(국적법 제4조 내지 제7조), **국적회복허가**는 한 때 대한민국 국민이었던 자를 대상으로 한다는 점, **귀화는 일정한 요건을 갖춘 사람에게만 허가할 수 있는 반면**(국적법 제5조 내지 제7조), **국적회복허가는 일정한 사유에 해당하는 사람에 대해서만 국적회복을 허가하지 아니한다는 점**(국적법 제9조 제2항)에서 차이가 있다. 국적법이 이처럼 귀화제도와 국적회복제도를 구분하고 있는 것은 과거 대한민국 국민이었던 자의 국적취득절차를 간소화함으로써 국적취득상의 편의를 증진시키고자 하는 것이다(헌재 2020. 2. 27. 2017헌바434). 22 경찰 2차

㉢ 【4회 출제】 ○ 23 소간

> 국적법 제10조(국적 취득자의 외국 국적 포기 의무) ② 제1항에도 불구하고 다음 각 호의 어느 하나에 해당하는 자는 대한민국 국적을 취득한 날부터 1년 내에 외국 국적을 포기하거나 법무부장관이 정하는 바에 따라 대한민국에서 외국 국적을 행사하지 아니하겠다는 뜻을 법무부장관에게 서약하여야 한다.
> 3. 대한민국의 「민법」상 성년이 되기 전에 **외국인에게 입양**된 후 **외국 국적을 취득**하고 외국에서 계속 거주하다가 제9조에 따라 **국적회복허가를 받은 자**

㉣ 【6회 출제】 × 《허가 X → 신고 ○》 20 국회 8, 17 경정

> 국적법 제10조(국적 취득자의 외국 국적 포기 의무) ① **대한민국 국적을 취득한 외국인으로서 외국 국적을 가지고 있는 자는 대한민국 국적을 취득한 날부터 1년 내에 그 외국 국적을 포기하여야 한다.**
> ③ 제1항 또는 제2항을 이행하지 아니한 자는 그 기간이 지난 때에 대한민국 국적을 **상실(喪失)**한다.
> 국적법 제11조(국적의 재취득) ① 제10조제3항에 따라 대한민국 국적을 상실한 자가 그 후 1년 내에 그 외국 국적을 포기하면 법무부장관에게 신고함으로써 **대한민국 국적을 재취득**할 수 있다.

03 ④

㉠ 【5회 출제】 × 《실질적 조건 마련 의무가 부여됨》 사회국가란 사회정의의 이념을 헌법에 수용한 국가, 사회현상에 대하여 방관적인 국가가 아니라 경제·사회·문화의 모든 영역에서 정의로운 사회질서의 형성을 위하여 **사회현상에 관여하고 간섭하고 분배하고 조정하는 국**

가이며, 궁극적으로는 국민 각자가 실제로 자유를 행사할 수 있는 그 실질적 조건을 마련해 줄 의무가 있는 국가를 의미한다(헌재 2004. 10. 28. 2002헌마328). 22 국가7

ⓛ 7회 출제 × 《사회국가원리 명문규정 無, 기본권 제한 정당화 헌법규범임》 (1) 우리 헌법은 사회국가원리를 명문으로 규정하고 있지는 않지만, 헌법의 전문, 사회적 기본권의 보장(헌법 제31조 내지 제36조), 경제 영역에서 적극적으로 계획하고 유도하고 재분배하여야 할 국가의 의무를 규정하는 경제에 관한 조항(헌법 제119조 제2항 이하) 등과 같이 사회국가원리의 구체화된 여러 표현을 통하여 사회국가원리를 수용하였다(헌재 2002. 12. 18. 2002헌마52). 24 경정
(2) 헌법 제119조 제2항에 규정된 '경제주체간의 조화를 통한 경제민주화'의 이념은 경제영역에서 정의로운 사회질서를 형성하기 위하여 추구할 수 있는 국가목표로서 개인의 기본권을 제한하는 국가행위를 정당화하는 헌법규범이다(헌재 2003. 11. 27. 2001헌바35).

ⓒ 3회 출제 ○ 사회보험은 사회국가원리를 실현하기 위한 중요한 수단이라는 점에서, 사회연대의 원칙은 국민들에게 최소한의 인간다운 생활을 보장해야 할 국가의 의무를 부과하는 사회국가원리에서 나온다. 보험료의 형성에 있어서 사회연대의 원칙은 보험료와 보험급여 사이의 개별적 등가성의 원칙에 수정을 가하는 원리일 뿐만 아니라, 사회보험체계 내에서의 소득의 재분배를 정당화하는 근거이며, 보험의 급여수혜자가 아닌 제3자인 사용자의 보험료 납부의무(소위 '이질부담')를 정당화하는 근거이기도 하다. 또한 사회연대의 원칙은 사회보험에의 강제가입의무를 정당화하며, 재정구조가 취약한 보험자와 재정구조가 건전한 보험자 사이의 재정조정을 가능하게 한다(헌재 2000. 6. 29. 99헌마289). 12 국가7

ⓔ ○ 국민건강보험법 제63조 제2항이 휴직자도 직장가입자의 자격을 유지함을 전제로 기존의 보험료 부담을 그대로 지우고 있는 것은 일시적·잠정적 근로관계의 중단에 불과한 휴직제도의 본질, 휴직자에 대한 보험급여의 필요성, 별도의 직장가입자인 배우자 등이 있는 휴직자와 그렇지 않은 휴직자간의 형평성, 보험공단의 재정부담 등 여러 가지 사정을 고려한 것으로서, 입법형성의 범위 내에서 합리적으로 결정한 것이라 볼 수 있으므로 사회국가원리에 어긋난다거나 휴직자의 사회적 기본권 내지 평등권 등을 침해한다고 볼 수 없다(헌재 2003. 6. 26. 2001헌마699). 16 경정

04 ④

① 2회 출제 × 《부진정소급효의 입법 : 원칙 허용》 일반적으로 소급입법의 태양에는 이미 과거에 완성된 사실 또는 법률관계를 규율의 대상으로 하는 진정소급효의 입법과 이미 과거에 시작되었으나 아직 완성되지 아니하고 진행과정에 있는 사실 또는 법률관계를 규율대상으로 하는 부진정소급입법이 있으며, 소급입법에 의한 재산권의 박탈이 금지되는 것은 진정소급효의 입법이다(헌재 2016. 10. 27. 2015헌바203 등). 21 소간

② 3회 출제 × 《진정소급입법 X》 (1) 개정법조항은 구 '상가건물 임대차보호법' 제10조 제2항에서 5년으로 정하고 있던 임차인의 계약갱신요구권 행사 기간을 10년으로 연장하였고, 이 사건 부칙조항은 개정법조항을 개정법 시행 후 갱신되는 임대차에도 적용한다. '개정법 시행 후 갱신되는 임대차'에는 구법조항에 따른 의무임대차기간이 경과하여 임대차가 갱신되지 않고 기간만료 등으로 종료되는 경우는 제외되고 구법조항에 따르더라도 여전히 갱신될 수 있는 경우만 포함되므로, 이 사건 부칙조항은 아직 진행과정에 있는 사안을 규율대상으로 한다. 따라서 헌법 제13조 제2항이 말하는 소급입법에 의한 재산권 침해는 문제되지 않는다(헌재 2021. 10. 28. 2019헌마106 등).
(2) 임차인의 계약갱신요구권 행사 기간이 앞으로도 계속하여 5년으로 유지될 것이라고 기대했던 임대인의 기대 내지 신뢰가 존재했다 하더라도 이를 확정적이거나 절대적인 기대 내지 신뢰라고 보기는 어려우므로, 그것이 어느 정도 보호될 수 있는지는 신뢰의 침해 정도 및 계약갱신요구권 행사 기간의 변경을 통해 달성하고자 하는 공익의 중대성에 따라 달라질 수 있다. … 따라서 이 사건 부칙조항은 신뢰보호원칙에 위배되어 임대인인 청구인들의 재산권을 침해한다고 볼 수 없다(헌재 2021. 10. 28. 2019헌마106 등). 24 변호사

③ 12회 출제 × 《보다 광범위한 입법형성의 자유가 인정》 신법이 피적용자에게 유리한 경우에는 이른바 시혜적인 소급입법이 가능하지만 이를 입법자의 의무라고는 할 수 없고, 그러한 소급입법을 할 것인지의 여부는 입법재량의 문제로서 그 판단은 일차적으로 입법기관에 맡겨져 있으며, 이와 같은 시혜적 조치를 할 것인가 하는 문제는 국민의 권리를 제한하거나 새로운 의무를 부과하는 경우와는 달리 입법자에게 보다 광범위한 입법형성의 자유가 인정된다고 할 것이다(헌재 1995. 12. 28. 95헌마196). 10 지방7

④ 3회 출제 ○ (1) 이 사건 법률조항들이 종전 약사법에 의하여 약국 개설 등록을 받은 장소에서 법 시행일 후 1년 뒤에는 청구인들의 기존 약국을 더 이상 운영할 수 없도록 한 것은, 이미 개설 등록된 청구인들의 기존 약국의 효력이나 이제까지의 약국영업과 관련한 사법상의 법률효과를 소급하여 부인하는 것이 아니므로, 헌법 제13조 제2항에서 의미하는 소급입법에 해당되지 아니한다(헌재 2003. 10. 30. 2001헌마700 등).
(2) 청구인들이 가지는 신뢰이익과 그 침해는 크지 않은 반면에, 법 시행 이전에 이미 개설하여 운영중인 약국을 폐쇄해야 할 공적인 필요성이 매우 크고 입법목적의 달성을 통해서 얻게 되는 국민보건의 향상이라는 공적 이익이 막중하므로, 이 사건 법률조항들이 청구인들의 기존 약국을 폐쇄토록 규정한 것은 비례의 원칙이나 신뢰보호의 원칙에 위반되지 않으므로 청구인들의 직업행사의 자유를 침해하지 않는다(헌재 2003. 10. 30. 2001헌마700 등). 18 국가7

05 ③

ⓛ 3회 출제 × 《국가의 보호필요성은 인정》 초기배아들에 해당하는 청구인 1, 2의 경우 헌법상 기본권 주체성을 인정할 수 있을 것인지에 대해 살피건대, 청구인 1, 2가 수정이 된 배아라는 점에서 형성 중인 생명의 첫걸음을 떼었다고 볼 여지가 있기는 하나 아직 모체에 착상되거나 원시선이 나타나지 않은 이상 현재의 자연과학적 인식 수준에서 독립된 인간과 배아 간의 개체적 연속성을 확정하기 어렵다고 봄이 일반적이라는 점, … 등을 종합적으로 고려할 때, 초기배아에 대한 국가의 보호필요성이 있음은 별론으로 하고, 청구인 1, 2의 기본권 주체성을 인정하기 어렵다. … 다만, 오늘날 생명공학 등의 발전과정에 비추어 인간의 존엄과 가치가 갖는 헌법적 가치질서로서의 성격을 고려할 때 인간으로 발전할 잠재성을 갖고 있는 초기배아라는 원시생명체에 대하여도 위와 같은 헌법적 가치가 소홀히 취급되

지 않도록 노력해야 할 **국가의 보호의무가 있음을 인정**하지 않을 수 없다 할 것이다(헌재 2010. 5. 27. 2005헌마346). 　　　　　　17 법무사

ⓛ [3회 출제] ○ (1) 교섭단체에 정책연구위원을 둔다는 국회법 제34조 제1항 규정은 교섭단체를 구성한 정당에게 정책연구위원을 배정한다는 것과 실질적으로 다를 바 없다고 할 것인바, 이 규정은 교섭단체 소속의원과 그렇지 못한 의원을 차별하는 것인 동시에, 교섭단체를 구성한 정당과 그렇지 못한 정당도 차별하고 있다고 할 것이다. 그렇다면 국회의원 20인 이상을 확보하지 못하여 교섭단체를 구성하지 못한 청구인은 이 사건 규정으로 인하여 자신의 **기본권을 침해받을 가능성이 있다**(헌재 2008. 3. 27. 2004헌마654).
(2) 교섭단체에만 정책연구위원을 배정할 합리적 이유가 있을 뿐 아니라, 비교섭단체인 정당도 다른 비교섭단체인 정당 또는 무소속 의원들과 함께 교섭단체를 구성함으로써 정책연구위원을 배정받을 수 있으므로, 이 사건 규정이 입법재량을 넘어 비교섭단체인 정당을 **불합리하게 차별한다고 볼 수 없다**(헌재 2008. 3. 27. 2004헌마654).
　　　　　　24 경간

ⓒ [2회 출제] ○ 헌법재판소법 제68조 제1항의 헌법소원은 기본권의 주체만 청구할 수 있는데, 단순히 '국민의 권리'가 아니라 '인간의 권리'로 볼 수 있는 기본권에 대해서는 외국인도 기본권의 주체이다. 청구인이 침해받았다고 주장하는 **변호인의 조력을 받을 권리**는 성질상 **인간의 권리**에 해당되므로 **외국인도 주체이다**(헌재 2018. 5. 31. 2014헌마346). 　　　　　　23 변호사

ⓔ × 《지자체의 기본권 주체성 부정》 **지방자치단체는 기본권의 주체가 될 수 없다**는 것이 헌법재판소의 입장이며, 이를 변경해야 할만한 사정이나 필요성이 없으므로 **지방자치단체인 춘천시의 헌법소원 청구는 부적법하다**(헌재 2006. 12. 28. 2006헌마312). 　　24 법무사

06　　　🔍 ②

① [2회 출제] ○ **일반적 행동자유권의 보호영역에는 가치 있는 행동뿐만 아니라 개인의 생활방식과 취미에 관한 사항도 포함되며, 여기에는 위험한 스포츠를 즐길 권리와 같은 위험한 생활방식으로 살아갈 권리도 포함된다.** 따라서 **운전 중 휴대용 전화를 사용할 자유**는 헌법 제10조의 행복추구권에서 나오는 **일반적 행동자유권의 보호영역에 속한다.** 이 사건 법률조항은 **운전 중 휴대용 전화를 사용하지 아니할 의무**를 지우고 이에 위반했을 때 형벌을 부과하고 있으므로 청구인의 **일반적 행동자유권을 제한**한다. … 그러므로 이 사건 법률조항은 과잉금지원칙에 반하여 청구인의 **일반적 행동의 자유를 침해하지 않는다**(헌재 2021. 6. 24. 2019헌바5). 　　　22 경찰 1차

② [2회 출제] × 《일반적 행동의 자유 침해 X》 주취 중 운전금지규정을 3회 위반한 경우 **운전면허를 필요적으로 취소**하도록 규정한 것은 과잉금지의 원칙에 반하여 **직업의 자유** 내지 **일반적 행동의 자유를 침해하지 아니한다**(헌재 2006. 5. 25. 2005헌바91). 　　17 경정

③ ○ 심판대상조항은 운전자에게 경찰공무원의 음주측정 요구에 응할 의무를 부과함으로써 음주측정 요구에 응하지 않을 자유, 즉 **일반적 행동의 자유를 제한**하는바, 심판대상조항이 과잉금지원칙에 반하여 운전자인 청구인의 일반적 행동자유권을 침해하는지 여부를 살펴본다. … 심판대상조항은 과잉금지원칙에 위배되어 **일반적 행동자유권을 침해하지 아니한다**(헌재 2023. 10. 26. 2019헌바91). 　24 경찰 1차

④ ○ 직업의 자유에 의하여 헌법상 보호되는 생활영역인 '직업'은 그 개념상 '어느 정도 지속적인 소득활동'을 그 요건으로 하므로, **무상 또는 일회적·일시적으로 가르치는 행위**는 헌법 제15조의 직업의 자유에 의하여 보호되는 생활영역이 아니다. 이러한 성격과 형태의 가르치는 행위는 **일반적 행동의 자유에 속하는 것으로서 헌법 제10조의 행복추구권에 의하여 보호된다**(헌재 2000. 4. 27. 98헌가16 등). 　24 경찰 2차

07　　　🔍 ①

① × 《평등권 침해 아님》 공중보건의사는 의사 등 전문자격 보유자를 대상으로 하고, 현역병보다 자유로운 환경에서 복무하며, 임기제 공무원으로 신분이 보장되고, 자신의 전문지식과 능력을 그대로 활용할 수 있으며, 장교에 해당하는 보수를 지급받고 있어 그 복무의 내용이나 성격이 현역병이나 사회복무요원과 같다고 보기 어렵고, … 따라서 심판대상조항이 공중보건의사로 편입되어 군사교육 소집된 자에게 **군사교육 소집기간 동안의 보수를 지급하지 않도록 규정하였다고 하더라도** 이는 한정된 국방예산의 범위 내에서 효율적인 병역제도의 형성을 위하여 공중보건의사의 신분, 복무 내용, 복무 환경, 전체 복무기간 동안의 보수 수준 및 처우, 군사교육의 내용 및 기간 등을 종합적으로 고려하여 결정한 것이므로, **평등권을 침해한다고 보기 어렵다**(헌재 2020. 9. 24. 2017헌마643). 　　24 경찰 1차

② ○ 평등권은 입법자에게 본질적으로 같은 것을 자의적으로 다르게, 본질적으로 다른 것을 자의적으로 같게 취급하는 것을 금하고 있고 본질적으로 동일한가의 판단은 일반적으로 당해 법률조항의 의미와 목적에 달려 있으므로, **당해 법률조항의 의미와 목적에 비추어 차별취급을 정당화할 수 있을 정도의 차이가 없음에도 차별한다면, 입법자는 이로써 평등권을 침해하게 된다**(헌재 2023. 3. 23. 2021헌마975). 　24 법무사

③ ○ 사관생도는 병역의무의 이행을 위해 본인의 의사와 상관없이 복무 중인 현역병 등과 달리 자발적으로 직업으로서 군인이 되기를 선택한 점, 사관생도의 교육기간은 장차 장교로서의 복무를 준비하는 기간으로 이를 현역병 등의 복무기간과 동일하게 평가하기는 어려운 점 등 군인연금법상 군 복무기간 산입제도의 목적과 취지, 현역병 등과 사관생도의 신분, 역할, 근무환경 등을 종합적으로 고려하면, **심판대상조항이 사관생도의 사관학교에서의 교육기간을 현역병 등의 복무기간과 달리 연금 산정의 기초가 되는 복무기간으로 산입할 수 있도록 규정하지 아니한 것이 현저히 자의적인 차별이라 볼 수 없다**(헌재 2022. 6. 30. 2019헌마150). 　24 경간

④ [2회 출제] ○ 공익침해행위의 효율적인 발각과 규명을 위해서는 내부 공익신고가 필수적인데, 내부 공익신고자는 조직 내에서 배신자라는 오명을 쓰기 쉬우며, 공익신고로 인하여 신분상, 경제상 불이익을 받을 개연성이 높다. 이 때문에 보상금이라는 경제적 지원조치를 통해 내부 공익신고를 적극적으로 유도할 필요성이 인정된다. 반면, '내부 공익신고자가 아닌 공익신고자'는 공익신고로 인해 불이익을 입을 개연성이 높지 않기 때문에 공익신고 유도를 위한 보상금 지급이 필수적이라 보기 어렵다. '공익신고자 보호법'상 보상금의 의의와 목적을 고려하면, 이와 같이 **공익신고 유도 필요성에 있어 차이가 있는 내부 공익신고자와 외부 공익신고자를 달리 취급**하는 것에 합리성을 인정할 수 있다. … 이 사건 법률조항이 **평등원칙에 위배된다고 볼 수 없다**(헌재 2021. 5. 27. 2018헌바127). 　23 경찰 1차

08 ④

① **4회 출제** ○ 심판대상조항이 규정하고 있는 '**시정 또는 변경**' 명령은 '영유아보육법 제38조 위반행위에 대하여 그 위법사실을 시정하도록 함으로써 정상적인 법질서를 회복하는 것을 목적으로 행해지는 **행정작용**'으로, 여기에는 과거의 위반행위로 인하여 취득한 필요경비 한도 초과액에 대한 **환불명령도 포함**됨을 어렵지 않게 예측할 수 있다. 그렇다면 심판대상조항 자체에 시정 또는 변경 명령의 내용으로 환불명령을 명시적으로 규정하지 않았다고 하여 **명확성원칙에 위배된다고 볼 수 없다**(헌재 2017. 12. 28. 2016헌바249). 20 국가 7

② ○ 이 경우 **상당한 기간**이 어느 정도의 기간을 의미하는지를 수범자가 예측할 수 있는가에 관한 문제는 여전히 남아있는데, 토지소유자로서는 이행강제금의 사전계고를 받기 전에 시정명령을 이미 받은 상태에 있었을 것이며, 그와 더불어 이행강제금은 1년에 2회를 초과하여 부과하지는 못한다는 제한이 있으므로 이를 감안하면 **이행강제금 부과의 사전계고 시**에 부여될 이행기간이 어느 정도일지를 **대략 예측할 수 있다.** 이러한 점들을 종합하면, 사전계고조항은 **불명확한 규정이라고 할 수 없다**(헌재 2023. 2. 23. 2019헌바550). 24 경정

③ ○ 이 사건 품위손상조항에서 규정하고 있는 **품위손상행위**란, 청원경찰직에 대한 국민의 신뢰를 제고하고 성실하고 공정한 직무수행을 담보하고자 하는 입법취지, 용어의 사전적 의미 등을 종합하면, '**청원경찰이 경찰관에 준하여 경비 및 공안업무를 하는 주체로서 직책을 맡아 수행해 나가기에 손색이 없는 인품에 어울리지 않는 행위**를 함으로써 국민이 가지는 청원경찰에 대한 정직성, 공정성, 도덕성에 대한 믿음을 떨어뜨릴 우려가 있는 행위'라고 해석할 수 있으므로 **명확성원칙에 위배되지 않는다**(헌재 2022. 5. 26. 2019헌바530). 23 경찰 1차

④ × 《**감사보고서에 기재하여야 할 사항'은 명확성원칙 위배됨**》
(1) 이 사건 법률조항 중 '**감사보고서에 기재하여야 할 사항**' 부분은 그 의미가 법률로서 확정되어 있지 아니하고, 법률 문언의 전체적, 유기적인 구조와 구성요건의 특수성, 규제의 여건 등을 종합하여 고려하여 보더라도 수범자가 자신의 행위를 충분히 결정할 수 있을 정도로 내용이 명확하지 아니하여 동 조항부분은 죄형법정주의에서 요구하는 **명확성의 원칙에 위배된다**(헌재 2004. 1. 29. 2002헌가20 등).
(2) 이 사건 법률조항 중 '**감사보고서에 허위의 기재를 한 때**'라고 한 부분은 그것이 형사처벌의 구성요건을 이루는 개념으로서 수범자가 법률의 규정만으로 충분히 그 내용의 대강을 파악할 만큼 명확한 것이라고 할 것이므로 죄형법정주의의 한 내용인 형벌법규의 **명확성의 원칙에 반한다고 할 수 없다**(헌재 2004. 1. 29. 2002헌가20 등).
보충설명 '감사보고서에 기재하여야 할 사항' 부분은 명확성원칙에 위배되나, '감사보고서에 허위의 기재를 한 때' 부분은 명확성원칙에 위배되지 않는다. 22 법원 9

09 ③

① ○ **이중처벌**은 처벌 또는 제재가 **동일한 행위**를 대상으로 거듭 행해질 때 발생하는 문제로서, 심판대상조항과 같이 **하나의 형사재판절차**에서 다루어진 사건을 대상으로 동시에 **징역형과 자격정지형을 병과**하는 것은 **이중처벌금지원칙에 위반되지 아니한다**(헌재 2018. 3. 29. 2016헌바361). 22 경채

② **2회 출제** ○ **벌금형**을 선고받는 자가 그 벌금을 납입하지 않은 때에 그 **집행 방법의 변경**으로 하게 되는 **노역장 유치**는 이미 형벌을 받은 사건에 대해 또다시 형을 부과하는 것이 아니라, **단순한 형벌 집행 방법의 변경에 불과한 것이므로** 헌법 제13조 제1항 후단의 **이중처벌금지의 원칙에 위반되지 아니한다**(헌재 2009. 3. 26. 2008헌바52 등). 23 경간

③ **3회 출제** × 《**이중처벌에 해당하지 않음**》 (1) 구 건축법 제54조 제1항에 의한 형사처벌의 대상이 되는 범죄의 구성요건은 당국의 허가 없이 건축행위 또는 건축물의 용도변경행위를 한 것이고, 동법 제56조의2 제1항에 의한 과태료는 건축법령에 위반되는 위법건축물에 대한 시정명령을 받고도 건축주 등이 이를 시정하지 아니할 때 과하는 것이므로, 양자는 처벌 내지 제재대상이 되는 **기본적 사실관계로서의 행위를 달리하는 것이다.** … 이러한 점에 비추어 구 건축법 제54조 제1항에 의한 **무허가건축행위에 대한 형사처벌**과 동법 제56조의2 제1항에 의한 **과태료의 부과**는 헌법 제13조 제1항이 금지하는 **이중처벌에 해당한다고 할 수 없다**(헌재 1994. 6. 30. 92헌바38).
(2) 건축법 제78조에 의한 **무허가 건축행위에 대한 형사처벌**과 건축법 제83조 제1항에 의한 **시정명령 위반에 대한 이행강제금의 부과**는 그 처벌 내지 제재대상이 되는 **기본적 사실관계로서의 행위를 달리**하며, 또한 그 보호법익과 목적에서도 차이가 있으므로 헌법 제13조 제1항이 금지하는 **이중처벌에 해당한다고 할 수 없다**(헌재 2004. 2. 26. 2001헌바80 등). 22 경채

④ **2회 출제** ○ 이중처벌은 처벌 또는 제재가 동일한 행위를 대상으로 거듭 행해질 때 발생하는 문제이다. 그런데 **신상정보 공개·고지명령**은 형벌과는 목적이나 심사대상 등을 달리하는 **보안처분에 해당**하므로, 동일한 범죄행위에 대하여 **형벌과 병과**된다고 하여 **이중처벌금지의 원칙에 위반된다고 할 수 없다**(헌재 2016. 5. 26. 2015헌바212). 23 경간

10 ③

① ○ 헌법 제16조에서는 모든 국민은 주거의 자유를 침해받지 아니한다고 규정하여 주거의 자유를 기본권으로 특별히 보호하고 있는바, **주거는 생활의 기초단위로서 구성원 전체의 인격이 형성되고 발현되는 사적 공간이므로 그 보호의 필요성이 매우 크다**(헌재 2020. 9. 24. 2018헌바171). 25 경간

② **3회 출제** ○ 출입국관리법에 의한 보호에 있어서 **용의자에 대한 긴급보호**를 위해 그의 주거에 들어간 것이라면 그 **긴급보호가 적법한 이상 주거의 자유를 침해한 것으로 볼 수 없으므로** 청구인에 대한 긴급보호가 적법한 이상 그 긴급보호 과정에서 청구인의 주거에 들어갔다고 하더라도 주거의 자유를 침해하였다고 볼 수 없다(헌재 2012. 8. 23. 2008헌마430). 19 5급

③ × 《**주거침입에 해당하지 않음**》 피해자의 집 마당은 도로에 바로 접하여 있고 도로에서 피해자의 집으로 들어가는 입구에 그 출입을 통제하는 문이나 담 기타 인적·물적 설비가 없어, 누구나 통상의 보행으로 자유롭게 드나들 수 있는 구조에 해당한다. 따라서 피해자의 집 마당은 주거침입죄의 객체가 되는 위요지에 해당한다고 단정하기 어렵다(헌재 2022. 10. 27. 2020헌마866). 25 경간

④ ○ 일반인의 출입이 허용된 음식점에 영업주의 승낙을 받아 통상적인 출입방법으로 들어갔다면 특별한 사정이 없는 한 주거침입죄에서 규정하는 침입행위에 해당하지 않는다. 설령 행위자가 범죄 등을 목적으로 음식점에 출입하였거나 영업주가 행위자의 실제 출입 목적을 알았더라면 출입을 승낙하지 않았을 것이라는 사정이 인정되더라도 그러한 사정만으로는 출입 당시 객관적·외형적으로 드러난 행위 태양에 비추어 **사실상의 평온상태를 해치는 방법**으로 음식점에 들어갔다고 평가할 수 없으므로 **침입행위에 해당하지 않는다**(대판 2022. 5. 12. 2022도2907).

25 경간

11 🔍 ①

㉠ [2회 출제] ○ 우리나라의 양심적 병역거부자는 연평균 약 600명 내외일 뿐이므로 병역자원이나 전투력의 감소를 논할 정도로 **의미 있는 규모는 아니다**. 더구나 양심적 병역거부자들을 처벌한다고 하더라도 이들을 교도소에 수감할 수 있을 뿐 입영시키거나 소집에 응하게 하여 병역자원으로 활용할 수는 없으므로, 대체복무제의 도입으로 양심적 병역거부자들이 대체복무를 이행하게 된다고 해서 **병역자원의 손실이 발생한다고 할 수 없다**. … 오늘날의 국방력은 인적 병역자원에만 의존하는 것은 아니고, 현대전은 정보전·과학전의 양상을 띠므로, 전체 국방력에서 **병역자원이 차지하는 중요성은 상대적으로 낮아지고 있다**. … 이러한 사정을 고려하면, 양심적 병역거부자에게 대체복무를 부과하더라도 **우리나라의 국방력에 의미 있는 수준의 영향**을 미친다고 보기는 **어려울 것이다**. … 이와 같이 **대체복무제라는 대안**이 있음에도 불구하고 **군사훈련을 수반하는 병역의무만을 규정한** 병역종류조항은, **침해의 최소성 원칙에 어긋난다**(헌재 2018. 6. 28. 2011헌바379 등).

19 법원 9

㉡ [4회 출제] ○ 병역종류조항에 대체복무제가 마련되지 아니한 상황에서, 양심상의 결정에 따라 입영을 거부하거나 소집에 불응하는 이 사건 청구인 등이 현재의 대법원 판례에 따라 처벌조항에 의하여 형벌을 부과받음으로써 **양심에 반하는 행동을 강요받고 있으므로, 이 사건 법률조항은 '양심에 반하는 행동을 강요당하지 아니할 자유', 즉, '부작위에 의한 양심실현의 자유'를 제한**하고 있다(헌재 2018. 6. 28. 2011헌바379 등).

19 변호사

㉢ [4회 출제] × 《종교인의 종교의 자유를 제한함》 양심적 병역거부는 **인류의 평화적 공존**에 대한 간절한 희망과 결단을 기반으로 하고 있다. … 헌법 제20조 제1항은 양심의 자유와 별개로 종교의 자유를 따로 보장하고 있고, 이 사건 청구인 등의 대부분은 여호와의 증인 또는 카톨릭 신도로서 자신들의 종교적 신앙에 따라 병역의무를 거부하고 있으므로, **이 사건 법률조항에 의하여 이들의 종교의 자유도 함께 제한**된다. 그러나 종교적 신앙에 의한 행위라도 개인의 주관적·윤리적 판단을 동반하는 것인 한 양심의 자유에 포함시켜 고찰할 수 있고, 앞서 보았듯이 양심적 병역거부의 바탕이 되는 양심상의 결정은 종교적 동기뿐만 아니라 윤리적·철학적 또는 이와 유사한 동기로부터도 형성될 수 있는 것이므로, 이 사건에서는 **양심의 자유를 중심으로 기본권 침해 여부를 판단**하기로 한다(헌재 2018. 6. 28. 2011헌바379 등).

24 변호사

㉣ × 《수단의 적합성 인정》 병역종류조항은, 병역의 종류와 각 병역의 내용 및 범위를 법률로 정하여 병역부담의 형평을 기하고, 병역의무자의 신체적 특성과 개인적 상황, 병력수급 사정 등을 고려하여 병역자원을 효율적으로 배분할 수 있도록 함과 동시에, 병역의 종류를 한정적으로 열거하고 그에 대한 예외를 인정하지 않음으로써 병역자원을 효과적으로 확보할 수 있도록 하기 위한 것이다. 이는 궁극적으로 국가안전보장이라는 헌법적 법익을 실현하고자 하는 것이므로 위와 같은 **입법목적은 정당**하고, 병역종류조항은 그러한 입법목적을 달성하기 위한 **적합한 수단**이다(헌재 2018. 6. 28. 2011헌바379 등).

12 🔍 ③

① [2회 출제] ○ 우리 재판소는 사전검열금지원칙을 적용함에 있어서 행정권이 주체가 된 사전심사절차의 존재를 비롯한 4가지 요건을 모두 갖춘 사전심사절차의 경우에만 이를 절대적으로 금지하여 사전검열행위 자체의 범위를 헌법 제21조의 진정한 목적에 맞는 범위 내로 제한하여 적용해 왔다. 이와 같이 사전검열금지원칙을 적용함에 있어서는 **사전검열행위 자체의 범위를 제한하여 적용**해야 할 뿐만 아니라 **사전검열금지원칙이 적용될 대상** 역시 헌법이 언론·출판의 자유를 보장하고 사전검열을 금지하는 목적에 맞게 **한정하여 적용해야 할 것이다**(헌재 2010. 7. 29. 2006헌바75).

13 지방 7

② ○ 심의받은 내용과 다른 내용의 광고를 한 경우, 이 사건 제재조항은 대통령령으로 정하는 바에 따라 영업허가를 취소·정지하거나, 영업소의 폐쇄를 명할 수 있도록 하고, 이 사건 처벌조항은 5년 이하의 징역 또는 5천만 원 이하의 벌금에 처하도록 하고 있다. 이와 같은 **행정제재나 형벌의 부과는** 사전심의절차를 관철하기 위한 **강제수단에 해당한다**(헌재 2018. 6. 28. 2016헌가8 등).

20 경정

③ [3회 출제] × 《제외되지 않음》 현행 헌법상 사전검열은 표현의 자유 보호대상이면 예외 없이 금지된다. **의료기기에 대한 광고**는 의료기기의 성능이나 효능 및 효과 또는 그 원리 등에 관한 정보를 널리 알려 해당 의료기기의 소비를 촉진시키기 위한 **상업광고로서 헌법 제21조 제1항의 표현의 자유의 보호대상**이 됨과 동시에 같은 조 제2항의 **사전검열금지원칙의 적용대상**이 된다. 광고의 심의기관이 행정기관인지 여부는 **기관의 형식에 의하기보다는 그 실질에 따라 판단되어야 하고,** 행정기관의 자의로 민간심의기구의 심의업무에 개입할 가능성이 열려 있다면 개입 가능성의 존재 자체로 헌법이 금지하는 **사전검열이라고 보아야 한다**(헌재 2020. 8. 28. 2017헌가35 등).

23 경간

④ [2회 출제] ○ 외국비디오물 수입추천제도는 외국비디오물의 수입·배포라는 의사표현행위 전에 표현물을 행정기관의 성격을 가진 영상물등급위원회에 제출토록 하여 표현행위의 허용여부를 행정기관의 결정에 좌우되게 하고, 이를 준수하지 않는 자들에 대하여 형사처벌 등의 강제조치를 규정하고 있는바, 허가를 받기 위한 표현물의 제출의무, 행정권이 주체가 된 사전심사절차, 허가를 받지 아니한 의사표현의 금지, 심사절차를 관철할 수 있는 강제수단이라는 요소를 모두 갖추고 있으므로, 우리나라 헌법이 절대적으로 금지하고 있는 **사전검열에 해당한다**(헌재 2005. 2. 3. 2004헌가8).

10 지방 7

13 ②

① [3회 출제] ○ 인간으로서의 존엄과 가치를 보장하기 위하여 자유로운 인격발현을 최고 가치중의 하나로 삼는 우리 헌법질서내에서 **집회의 자유**는 국민들이 타인과 접촉하고 정보와 의견을 교환하며 공동의 목적을 위하여 집단적으로 의사표현을 할 수 있게 함으로써 **개성신장**과 아울러 여론형성에 영향을 미칠 수 있게 하여 **동화적 통합**을 촉진하는 기능을 가지며, 나아가 정치·사회현상에 대한 **불만과 비판을 공개적으로 표출**케 함으로써 정치적 불만세력을 사회적으로 **통합**하여 **정치적 안정에 기여**하는 역할을 한다(헌재 2009. 9. 24. 2008헌가25). 17 경정, 16 변호사

② [4회 출제] × 《위협이 예상 X → 직접적인 위협이 명백하게 존재 O》 집회의 자유를 제한하는 대표적인 공권력의 행사는 집시법에서 규정하는 집회의 금지, 해산과 조건부 허용이다. **집회의 자유에 대한 제한**은 다른 중요한 법익의 보호를 위하여 **반드시 필요한 경우에 한하여 정당화**되는 것이며, 특히 **집회의 금지와 해산**은 원칙적으로 **공공의 안녕질서에 대한 직접적인 위협이 명백하게 존재**하는 경우에 한하여 허용될 수 있다(헌재 2003. 10. 30. 2000헌바67 등). 24 경찰 1차

③ ○ 헌법은 집회의 자유를 국민의 기본권으로 보장함으로써, 평화적 집회 그 자체는 공공의 안녕질서에 대한 위험이나 침해로서 평가되어서는 아니 되며, 개인이 집회의 자유를 집단적으로 행사함으로써 불가피하게 발생하는 **일반대중에 대한 불편함**이나 **법익에 대한 위험**은 보호법익과 조화를 이루는 범위 내에서 **국가와 제3자에 의하여 수인되어야 한다**는 것을 헌법 스스로 규정하고 있는 것이다(헌재 2003. 10. 30. 2000헌바67 등). 23 경채

④ [4회 출제] ○ 집회의 자유는 집회의 시간, 장소, 방법과 목적을 스스로 결정할 권리를 보장한다. 집회의 자유에 의하여 구체적으로 보호되는 주요행위는 집회의 준비 및 조직, 지휘, 참가, 집회장소·시간의 선택이다. 따라서 **집회의 자유는 개인이 집회에 참가하는 것을 방해하거나 또는 집회에 참가할 것을 강요**하는 국가행위를 금지할 뿐만 아니라, 예컨대 **집회장소로의 여행을 방해**하거나, **집회장소로부터 귀가하는 것을 방해**하거나, 집회참가자에 대한 **검문의 방법으로 시간을 지연시킴으로써 집회장소에 접근하는 것을 방해**하는 등 **집회의 자유행사에 영향을 미치는 모든 조치를 금지**한다(헌재 2003. 10. 30. 2000헌바67 등). 23 법무사

14 ②

㉠ [6회 출제] × 《합당한 보수를 받을 권리 포함 X / 직업수행의 자유 침해 X》 직업의 자유에 '해당 직업에 합당한 보수를 받을 권리'까지 포함되어 있다고 보기 어려우므로 이 사건 법령조항이 청구인이 원하는 수준 보다 **적은 봉급월액을 규정**하고 있다고 하여 이로 인해 청구인의 **직업선택이나 직업수행의 자유가 침해되었다고 할 수 없고**, 위 조항은 경찰공무원인 경장의 봉급표를 규정한 것으로서 개성 신장을 위한 행복추구권의 제한과는 직접적인 관련이 없으므로, 청구인의 위 주장들은 모두 이유 없다(헌재 2008. 12. 26. 2007헌마444). 22 경찰 1차

㉡ [2회 출제] ○ 직업의 자유는 독립적 형태의 직업활동 뿐만 아니라 고용된 형태의 종속적인 직업활동도 보장한다. 따라서 **직업선택의 자유는 직장선택의 자유를 포함**한다. … 이러한 직장선택의 자유는 개인이 그 선택한 직업분야에서 **구체적인 취업의 기회를 가지거나, 이미 형성된 근로관계를 계속 유지하거나 포기**하는 데에 있어 **국가의 방해를 받지 않는 자유로운 선택·결정을 보호**하는 것을 내용으로 한다. 그러나 **이 기본권은 원하는 직장을 제공하여 줄 것을 청구하거나 한번 선택한 직장의 존속보호를 청구할 권리를 보장하지 않으며, 또한 사용자의 처분에 따른 직장 상실로부터 직접 보호하여 줄 것을 청구할 수도 없다.** 다만 **국가는 이 기본권에서 나오는 객관적 보호의무, 즉 사용자에 의한 해고로부터 근로자를 보호할 의무를 질 뿐이다**(헌재 2002. 11. 28. 2001헌바50). 24 법원 9

㉢ [3회 출제] × 《근로관계 형성 전 직업선택권 외국인 인정 X》 헌법재판소의 결정례 중에는 외국인이 대한민국 법률에 따른 허가를 받아 국내에서 일정한 직업을 수행함으로써 근로관계가 형성된 경우, 그 직업은 그 외국인의 생활의 기본적 수요를 충족시키는 방편이 되고 또한 개성신장의 바탕이 된다는 점에서 외국인은 그 근로관계를 계속 유지함에 있어서 국가의 방해를 받지 않고 자유로운 선택과 결정을 할 자유가 있고 그러한 범위에서 제한적으로 직업의 자유에 대한 기본권주체성을 인정할 수 있다고 하였다. 하지만 **이는 이미 근로관계가 형성되어 있는 예외적인 경우에 제한적으로 인정한 것에 불과하다. 그러한 근로관계가 형성되기 전단계인 특정한 직업을 선택할 수 있는 권리**는 국가정책에 따라 법률로써 외국인에게 제한적으로 허용되는 것이지 헌법상 **기본권에서 유래되는 것은 아니다**(헌재 2014. 8. 28. 2013헌마359). 19 서울 7(추)

㉣ [6회 출제] ○ 직업의 자유는 **영업의 자유와 기업의 자유를 포함**하고, 이러한 영업 및 기업의 자유를 근거로 원칙적으로 누구나가 **자유롭게 경쟁에 참여**할 수 있다. **경쟁의 자유**는 기본권의 주체가 직업의 자유를 실제로 행사하는 데에서 나오는 결과이므로 **당연히 직업의 자유에 의하여 보장**되고, **다른 기업과의 경쟁에서 국가의 간섭이나 방해를 받지 않고 기업활동을 할 수 있는 자유**를 의미한다(헌재 1996. 12. 26. 96헌가18). 24 경찰 2차

15 ④

① × 《과잉금지원칙 위배 X》 불특정 다수를 상대로 유통되는 식품으로 인하여 생기는 위생상의 위해를 방지하고 식품의 안전성에 대한 신뢰를 확보하여 국민들이 안심하고 식품을 구입·섭취할 수 있도록 함으로써 국민보건을 증진하려는 공익은 중대하다. 식품의 섭취로 부작용이 발생하거나 건강이 훼손되면 원상회복이 매우 어렵거나 치명적인 손상이 발생할 수 있어 예방적이고 선제적인 조치가 요구된다. 심판대상조항들이 식품의약품안전처장이 정하여 고시하는 식품의 범위를 판매를 목적으로 하는 식품으로 한정하고 있으며, 그 사유 역시 국민보건을 위하여 필요한 경우로 제한하고 있고, 심판대상조항들이 정하고 있는 법정형 또한 과도하다고 보기 어렵다. 따라서 심판대상조항들은 과잉금지원칙에 위배되어 **직업수행의 자유를 침해하지 아니한다**(헌재 2021. 2. 25. 2017헌바222). 23 경간

② × 《과잉금지원칙 위배 X》 심판대상조항은 변호사에게 요구되는 윤리성을 담보하고, 의뢰인과의 신뢰관계 균열을 방지하며, 법률사무 취급의 전문성과 공정성 등을 확보하고자 마련된 것이다. 계쟁권리 양수는 변호사의 직무수행 과정에서 의뢰인과의 사이에 신뢰성과 업무수행의 공정성을 훼손할 우려가 크기에 양수의 대가를 지불하였

는지를 불문하고 금지할 필요가 있다. 양수가 금지되는 권리에는 계쟁목적물은 포함되지 않으며 '계쟁 중'에만 양수가 금지된다는 점을 고려하면 변호사로 하여금 계쟁권리를 양수하지 못하도록 하는 것을 과도한 제한이라고 볼 수 없다. 따라서 이 조항은 변호사의 **직업수행의 자유를 침해하지 않는다**(헌재 2021. 10. 28. 2020헌바488). **23 경간**

③ [3회 출제] × 《영업의 자유 침해》 위 규정은 음주로 인한 건강위해적 요소로부터 국민의 건강을 보호한다는 입법목적하에 음주전후, 숙취해소 등 음주를 조장하는 내용의 표시를 금지하고 있으나, "음주전후", "숙취해소"라는 표시는 이를 금지할 만큼 음주를 조장하는 내용이라 볼 수 없고, 식품에 숙취해소 작용이 있음에도 불구하고 이러한 표시를 금지하면 숙취해소용 식품에 관한 정확한 정보 및 제품의 제공을 차단함으로써 숙취해소의 기회를 국민으로부터 박탈하게 될 뿐만 아니라, 보다 나은 숙취해소용 식품을 개발하기 위한 연구와 시도를 차단하는 결과를 초래하므로, 위 규정은 숙취해소용 식품의 제조·판매에 관한 **영업의 자유 및 광고표현의 자유를 과잉금지원칙에 위반하여 침해**하는 것이다. 특히 청구인들은 "숙취해소용 천연차 및 그 제조방법"에 관하여 특허권을 획득하였음에도 불구하고 위 규정으로 인하여 특허권자인 청구인들조차 그 특허발명제품에 "숙취해소용 천연차"라는 표시를 하지 못하고 "천연차"라는 표시만 할 수밖에 없게 됨으로써 청구인들의 헌법상 보호받는 **재산권인 특허권도 침해**되었다(헌재 2000. 3. 30. 99헌마143). **15 지방 7**

④ [2회 출제] ○ 변호인선임서 등의 지방변호사회 경유제도는 사건브로커 등 수임관련 비리의 근절 및 사건수임 투명성을 위하여 도입된 것으로서 그 입법목적이 정당하고 그 수단도 적절하다. … 변호사법 제29조는 변호사의 **직업수행의 자유를 침해하지 아니한다**(헌재 2013. 5. 30. 2011헌마31). **20 입시**

16   ②

① [2회 출제] ○ 사립학교 교원의 **신분이나 직무상 의무와 관련이 없는 범죄의 경우에도 퇴직급여 및 퇴직수당을 제한**하는 것은, 교원범죄를 예방하고 교원이 재직중 성실히 근무하도록 유도하는 입법목적을 달성하는 데 **적합한 수단이라고 볼 수 없다.** … 재직중의 사유로 금고 이상의 형을 선고받아 처벌받음으로써 기본적 죗값을 받은 교원에게 다시 당연퇴직이란 교원의 신분상실의 치명적인 법익박탈을 가하고, 이로부터 더 나아가 다른 특별한 사정도 없이 **범죄의 종류에** 상관 않고, **직무상 저지른 범죄**인지 여부와도 관계없이, 누적되어 온 **퇴직급여 및 퇴직수당을 누적 이후의 사정을 이유로 일률적·필요적으로 감액**하는 것은 **과도한 재산권의 제한으로서 심히 부당**하며 교원의 퇴직 후 노후생활보장이라는 교원연금제도의 기본적인 입법목적에도 부합하지 않는다(헌재 2010. 7. 29. 2008헌가15). **21 입시**

② × 《신뢰보호원칙 위반 아님》 청구인들이 '지방의회의원에 취임할 당시의 연금제도가 그대로 유지되어 그 임기동안 퇴직연금을 계속 지급받을 수 있을 것'이라고 신뢰하였다 하더라도 이러한 **신뢰는 보호가치가 크다고 보기 어렵다.** 또한 선출직 공무원에 대한 연금 지급 정지제도는 종전에도 몇 차례에 걸쳐 시행된 바 있으므로 청구인들의 신뢰는 그다지 확고한 법질서에 기반한 것이었다고 보기도 어렵다. 반면, 연금재정의 안정성과 건전성을 확보하는 것은 공무원연금제도의 장기적 운영과 지속가능성을 위하여 반드시 필요한 요소이므로, 심판대상조항이 추구하는 공익적 가치는 매우 중대하다. 이러한 점들을 종합하면, 심판대상조항은 **신뢰보호원칙에 반하여 청구인들의 재산권을 침해한다고 볼 수 없다**(헌재 2017. 7. 27. 2015헌마1052).

③ [3회 출제] ○ 개발제한구역 지정으로 인하여 토지를 **종래의 목적으로도 사용할 수 없거나 또는 더 이상 법적으로 허용된 토지이용의 방법이 없기 때문에 실질적으로 토지의 사용·수익의 길이 없는 경우**에는 토지소유자가 수인해야 하는 **사회적 제약의 한계를 넘는 것으로 보아야 한다**(헌재 1998. 12. 24. 89헌마214 등). **22 해경**

④ [2회 출제] ○ (1) 공무원이 유족 없이 사망하였을 경우, 연금수급자의 범위를 **직계존비속으로만 한정**하고 있는 「공무원연금법」 규정은 **공무원의 형제자매 등 다른 상속권자들의 재산권(상속권)을 침해하지 않는다**(헌재 2014. 5. 29. 2012헌마555).
(2) 공무원연금과 국민연금이 사회보장적 성격을 가진다는 점에서 동일하기는 하나, 양자는 제도의 도입 목적과 배경, 재원의 조성 등에 차이가 있고, 특히 공무원연금은 국민연금에 비하여 재정건전성 확보를 통하여 국가의 재정 부담을 낮출 필요가 절실하다는 점 등에 비추어 볼 때, 공무원연금의 수급권자에서 형제자매를 제외한 것은 합리적인 이유가 있다고 할 것이다. 따라서 국민연금법이 형제자매를 사망일시금 수급권자로 규정하고 있는 것과는 달리 **공무원연금법이 형제자매를 연금수급권자에서 제외하고 있다 하여도 합리적인 이유에 의한 차별**로서, 이 사건 법률조항이 국민연금법상의 수급권의 범위와 비교하여 **헌법상 평등권을 침해하였다고 볼 수 없다**(헌재 2014. 5. 29. 2012헌마555). **16 법원 9**

17   ①

① [3회 출제] × 《사회보장수급권 + 재산권》 공무원연금은 연금 운용에 필요한 재원 형성에 국가나 지방자치단체뿐만 아니라 수급권자인 공무원도 참여하는 등 지급사유 발생 시 부담을 나누어 구제를 도모한다는 점에서 사회보험제도의 일종이기도 하다. **공무원연금은 기여금 납부를 통해 공무원 자신도 재원의 형성에 일부 기여한다는 점에서 후불임금의 성격도 가지고 있다.** 그러므로 **공무원연금법상 연금수급권은 사회적 기본권의 하나인 사회보장수급권의 성격과 재산권의 성격을 아울러 지니고 있다**(헌재 2016. 3. 31. 2015헌바18). **10 국회 8**

② [3회 출제] ○ 공무원연금법상 퇴직연금의 수급자가 학교기관의 교직원으로 재직하는 경우에는 실질적으로 퇴직연금의 지급사유가 있다고 보기 어렵고, 위 규정에 의하여 지급이 정지되는 것은 사립학교 기관으로부터 보수를 지급받고 있는 기간중의 퇴직연금만이고 퇴직수당 등 다른 급여의 지급이 정지되는 것은 아니므로 이는 입법목적 달성을 위하여 필요하고 적정한 방법으로서 **기본권제한의 입법한계를 일탈한 것으로 볼 수 없다**(헌재 2000. 6. 29. 98헌바106). **18 경정**

③ [2회 출제] ○ 우리 헌법 제34조 제2항·제6항의 국가의 사회보장·사회복지 증진의무나 재해예방노력의무 등의 성질에 비추어 국가가 어떠한 내용의 산재보험을 어떠한 범위와 방법으로 시행할지 여부는 **입법자의 재량영역에 속하는 문제**이며, 산재피해 근로자에게 인정되는 **산재보험수급권도 그와 같은 입법재량권의 행사에 의하여** 제정된 **산재보험법에 의하여 비로소 구체화되는 '법률상의 권리'**이며, 개인에게 국가에 대한 **사회보장·사회복지 또는 재해예방 등과 관련된 적극적 급부청구권은 인정하고 있지 않다**고 보아야 할 것이다(헌재 2005. 7. 21. 2004헌바2). **22 5급**

④ 2회 출제 ○ 국가가 국민을 강제로 건강보험에 가입시키고 경제적 능력에 따라 보험료를 납부하도록 하는 것은 행복추구권으로부터 파생하는 일반적 행동의 자유의 하나인 공법상의 단체에 강제로 가입하지 아니할 자유와 정당한 사유 없는 금전의 납부를 강제당하지 않을 재산권에 대한 제한이 되지만, 이러한 제한은 정당한 국가목적을 달성하기 위하여 부득이한 것이고, 가입강제와 보험료의 차등부과로 인하여 달성되는 공익은 그로 인하여 침해되는 사익에 비하여 월등히 크다고 할 수 있으므로, 위의 조항들이 헌법상의 **행복추구권**이나 **재산권을 침해한다고 볼 수 없다**(헌재 2003. 10. 30. 2000헌마801).
16 법원 9

18 🔍 ②

① 3회 출제 ○ 의무교육무상에 관한 헌법 제31조 제3항은 교육을 받을 권리를 보다 실효성 있게 보장하기 위하여 의무교육 비용을 학령아동의 보호자 개개인의 직접적 부담에서 **공동체 전체의 부담으로 이전**하라는 명령일 뿐이고 **의무교육의 비용을 오로지 국가 또는 지방자치단체의 예산, 즉 조세로 해결해야 함을 의미하는 것은 아니다**(헌재 2008. 9. 25. 2007헌가9).
23 경찰 1차

② 3회 출제 ✕ 《**사립학교 운영의 자유 침해 ✕**》 (1) 사립유치원이 심판대상조항의 적용으로 수입 및 지출할 수 있는 비용의 항목이 한정되는 등 엄격한 재무·회계관리가 이루어진다고 하더라도 **이로 인해 사립유치원 운영의 자율성이 완전히 박탈되는 것은 아니다**(헌재 2019. 7. 25. 2017헌마1038 등).
(2) 개인이 설립한 사립유치원 역시 사립학교법·유아교육법상 학교로서 공교육 체계에 편입되어 그 공공성이 강조되고 공익적인 역할을 수행한다. **사립유치원**은 공교육이라는 공익적 서비스를 제공함에 따라 국가 및 지방자치단체로부터 그 운영재원의 대부분에 해당하는 **재정지원 및 다양한 세제혜택**을 받고 있다. 따라서 **사립유치원의 재정 및 회계의 투명성**은 그 유치원에 의하여 수행되는 **교육의 공공성과 직결된다**고 할 것이다(헌재 2019. 7. 25. 2017헌마1038 등).
(3) 심판대상조항이 규정한 예산과목의 내용은 유치원의 재정 건전성 확보를 위해 그 필요성이 인정되고, 일정 부분 사립유치원에 운영의 자율성을 보장하고 있으며, 교육감이 예산과목 구분을 조정할 수 있도록 함으로써 구체적 타당성도 도모하고 있다. 비록 심판대상조항의 사립유치원 세입·세출예산 과목에 청구인들이 주장하는 바와 같은 항목들(유치원 설립을 위한 차입금 및 상환금, 유치원 설립자에 대한 수익배당, 통학 및 업무용 차량 이외의 설립자 개인 차량의 유류대 등)을 두지 않았다고 하더라도, 그러한 사정만으로는 심판대상조항이 현저히 불합리하거나 자의적이라고 볼 수 없다. 따라서 심판대상조항이 입법형성의 한계를 일탈하여 **사립유치원 설립·경영자의 사립유치원 운영의 자유를 침해한다고 볼 수 없다**(헌재 2019. 7. 25. 2017헌마1038 등).
22 국회 8

③ 2회 출제 ○ 설립자가 사립학교나 학교법인을 자유롭게 운영할 자유, 즉 **사학의 자유**는 비록 헌법에 명문규정은 없으나 **헌법 제10조**에서 보장되는 행복추구권의 한 내용을 이루는 일반적인 행동의 자유권과 교육의 자주성·전문성·정치적 중립성 및 대학의 자율성을 규정하고 있는 **헌법 제31조 제4항 등**에 의하여 인정되는 **기본권의 하나**이다(헌재 2018. 12. 27. 2016헌바217).
24 법원 9

④ 2회 출제 ○ **사립학교**는 그 설립자의 특별한 설립이념을 구현하거나 독자적인 교육방침에 따라 **개성 있는 교육을 실시할 수 있을 뿐만 아니라 공공의 이익을 위한 재산출연을 통하여 정부의 공교육 실시를 위한 재정적 투자능력의 한계를 자발적으로 보완해 주는 역할을 담당하므로, 사립학교 설립의 자유와 운영의 독자성을 보장할 필요가 있다**(헌재 2021. 11. 25. 2019헌마542 등).
22 국회 8

19 🔍 ④

① 3회 출제 ○ 근로3권의 성격은 국가가 단지 **근로자의 단결권을 존중하고 부당한 침해를 하지 아니함으로써 보장되는 자유권적 측면인 국가로부터의 자유**뿐이 아니라, 근로자의 권리행사의 실질적 조건을 형성하고 유지해야 할 국가의 적극적인 활동을 필요로 한다. 따라서 **근로3권의 사회권적 성격은 입법조치를 통하여 근로자의 헌법적 권리를 보장할 국가의 의무**에 있다(헌재 1998. 2. 27. 94헌바13 등).
19 국회 9

② ○ 노동3권 중 근로자의 **단결권은 결사의 자유가 근로의 영역에서 구체화**된 것으로서, 근로자의 단결권에 대해서는 헌법 제33조가 우선적으로 적용된다. **근로자의 단결권도 국민의 결사의 자유 속에 포함되나**, 헌법이 노동3권과 같은 특별 규정을 두어 별도로 단결권을 보장하는 것은 근로자의 단결에 대해서는 일반 결사의 경우와 다르게 특별한 보장을 해준다는 뜻으로 해석된다. … 따라서 근로자의 단결권이 근로자 단결체로서 사용자와의 관계에서 **특별한 보호를 받아야 할 경우에는 헌법 제33조가 우선적으로 적용되지만, 그렇지 않은 통상의 결사 일반에 대한 문제일 경우에는 헌법 제21조 제2항이 적용되므로 노동조합에도 헌법 제21조 제2항의 결사에 대한 허가제금지원칙이 적용**된다(헌재 2012. 3. 29. 2011헌바53).
24 경정

③ 2회 출제 ○ 청구인이 주장하는 것과 같은 **노동조합이 비과세 혜택을 받을 권리**는 노사간의 세력 균형을 이루게 하고 근로3권이 실질적으로 기능하게 하기 위하여 **헌법 제33조 제1항**이 당연히 예상한 권리의 내용에 포함된다고 보기 어렵고, 또 근로3권을 규정한 헌법 제33조 제1항으로부터 노동조합이 조세법상 **비과세 혜택을 받을 권리가 파생**한다거나 이에 상응하는 **국가의 조세법규범 정비의무가 발생한다고 보기도 어렵다**(헌재 2009. 2. 26. 2007헌바27).
19 입시

④ 2회 출제 ✕ 《**헌법상의 근거 ✕, 헌법상의 의무 인정 ✕**》 헌법 제15조의 직업의 자유 또는 헌법 제32조의 근로의 권리, 사회국가원리 등에 근거하여 실업방지 및 부당한 해고로부터 근로자를 보호하여야 할 국가의 의무를 도출할 수는 있을 것이나, **국가에 대한 직접적인 직장존속보장청구권**을 근로자에게 인정할 **헌법상의 근거는 없다.** 이와 같이 우리 헌법상 국가에 대한 직접적인 직장존속보장청구권을 인정할 근거는 없으므로 **근로관계의 당연승계를 보장하는 입법을 반드시 하여야 할 헌법상의 의무를 인정할 수 없다.** 따라서 한국보건산업진흥원법 부칙 제3조가 기존 연구기관의 재산상의 권리·의무만을 새로이 설립되는 한국보건산업진흥원에 승계시키고, **직원들의 근로관계가 당연히 승계되는 것으로 규정하지 않았다 하여 위헌이라 할 수 없다**(헌재 2002. 11. 28. 2001헌바50).
23 법원 9

20 ④

① 2회 출제 × 《재판청구권 침해》 교도소장은 수형자가 출정비용을 예납하지 않았거나 영치금과의 상계에 동의하지 않았다고 하더라도, 우선 수형자를 출정시키고 사후에 출정비용을 받거나 영치금과의 상계를 통하여 출정비용을 회수하여야 하는 것이지, 이러한 이유로 **수형자의 출정을 제한할 수 있는 것은 아니다.** 그러므로 피청구인이, 청구인이 출정하기 이전에 여비를 납부하지 않았거나 출정비용과 영치금과의 상계에 미리 동의하지 않았다는 이유로 이 사건 출정제한 행위를 한 것은, 피청구인에 대한 업무처리지침 내지 사무처리준칙인 이 사건 지침을 위반하여 청구인이 직접 재판에 출석하여 변론할 권리를 침해함으로써, 형벌의 집행을 위하여 필요한 한도를 벗어나서 청구인의 재판청구권을 과도하게 침해하였다고 할 것이다(헌재 2012. 3. 29. 2010헌마475). 18 변호사

② 2회 출제 × 《재판청구권 침해 X》 약식명령에 대하여 단기의 불복기간을 설정한 것은, 경미하고 간이한 사건들을 신속하게 처리하게 함으로써 사법자원의 효율적인 배분을 통하여 국민의 재판청구권을 충실하게 보장하고자 하는 것으로서 그 합리성이 인정된다. 형사 입건된 피의자로서는 수사 및 재판에 관한 서류를 정확하게 송달받을 수 있도록 스스로 조치하여야 하므로, 입법자가 그러한 전제 하에 불복기간을 정하였더라도 입법재량을 현저하게 일탈하였다고 할 수 없다. … 따라서 이 사건 법률조항이 합리적인 입법재량의 범위를 벗어나 약식명령 피고인의 재판청구권을 침해한다고 볼 수 없다(헌재 2013. 10. 24. 2012헌바428). 22 국가 7

③ × 《간접적인 판단이유가 누락된 경우도 정의의 요청이 절박하다고 할 수 없음》 판결주문에 영향이 없는 당사자의 공격방어방법에 대한 판단이 누락된 경우나, 판결주문과 간접적으로만 연관되는 판단이유가 누락된 경우에 재심의 소를 통하여 확정된 판결의 효력을 배제하는 것을 허용해야 할 만큼 정의의 요청이 절박하다고 할 수 없다. 오히려 판결의 결론에 영향을 미칠 수 없는 불필요한 재심이 제기되어 재심제도의 취지에 어긋날 수 있다. … 이상을 종합하면, '판단이유의 누락'이 아니라 '판단누락'을 재심사유로 규정하였다 하여 재판의 적정성을 현저히 희생하였다고 보기는 어렵다. 따라서 심판대상조항은 재판청구권을 침해하지 아니한다(헌재 2016. 12. 29. 2016헌바43). 23 법무사

④ ○ '침해행위가 있은 날'부터 10년 후에 인지 또는 재판의 확정이 이루어진 경우에도 추가된 공동상속인이 상속분가액지급청구권을 원천적으로 행사할 수 없도록 하는 것은, '가액반환의 방식'이라는 우회적·절충적 형태를 통해서라도 인지된 자의 상속권을 뒤늦게나마 보상해 주겠다는 상속분가액지급청구권의 입법취지에 반하며, 추가된 공동상속인의 권리구제 실효성을 완전히 박탈하는 결과를 초래한다. … 심판대상조항은 입법형성의 한계를 일탈하여 청구인의 재산권과 재판청구권을 침해한다(헌재 2024. 6. 27. 2021헌마1588). 25 경간

제2회 경찰헌법 봉투모의고사

정답 모아보기

01 ①	02 ②	03 ③	04 ③	05 ②
06 ④	07 ③	08 ④	09 ①	10 ①
11 ③	12 ④	13 ②	14 ①	15 ③
16 ④	17 ①	18 ①	19 ④	20 ②

01 🔍 ①

① 3회 출제 ○ 제헌헌법(1948년)은 '경제'의 장과 '재정'의 장을 별도로 둠으로써 경제와 재정의 의미를 강조하였다. 제헌헌법은 개인의 경제상 자유와 창의를 기본으로 하면서 균형 있는 국민경제의 발전을 위해 경제에 대한 규제와 조정을 할 수 있는 현행 헌법의 경제질서와 비교할 때 '원칙과 예외'에 있어 차이가 있다. 제헌헌법은 사회정의의 실현과 균형있는 국민경제의 발전을 기본으로 하면서 각인의 경제상 자유가 보장된다고 규정하였다. 　　24 경간

> 제헌헌법(1948년) 제84조 대한민국의 경제질서는 모든 국민에게 생활의 기본적 수요를 충족할 수 있게 하는 사회정의의 실현과 균형있는 국민경제의 발전을 기함을 기본으로 삼는다. 각인의 경제상 자유는 이 한계내에서 보장된다.

② 2회 출제 ✕ 《대통령 궐위 시 부통령이 대통령이 되어 잔임기간 재임》　　20 경정

> 제2차 개정헌법(1954년) 제55조 대통령과 부통령의 임기는 4년으로 한다. 단 재선에 의하여 1차 중임할 수 있다.
> 대통령이 궐위된 때에는 부통령이 대통령이 되고 잔임기간중 재임한다.
> 제2차 개정헌법(1954년) 부칙 이 헌법공포당시의 대통령에 대하여는 제55조제1항 단서의 제한을 적용하지 아니한다.

③ 2회 출제 ✕ 《지방의회 최초 구성: 1952년 / 지방의회 유예 조항: 1972년 제7차 개헌》 1948년 제헌헌법은 지방자치를 규정하였으며, 1952년에 지방의회가 처음으로 구성되었다. 그러나 1961년 박정희 정부에 의해 지방의회가 해산되었고, 지방자치에관한임시조치법에 의해 이 법에 저촉되는 지방자치법의 적용이 중단되었다. 이후 제7차 개정헌법(1972년헌법)은 부칙에 '지방의회의 구성을 조국의 통일시까지 유예한다'라는 규정을 두었으며, 제8차 개정헌법(1980년)은 부칙에 '지방의회의 구성을 지방자치단체의 재정자립도를 감안하여 순차적으로 하되 그 구성시기는 법률로 정한다'라고 규정하였다. 현행 헌법은 지방자치에 대한 부칙을 모두 폐지하였고 그에 따라 1991년 지방의회의 구성이 이루어졌으며, 1995년 지방자치단체장의 선거가 실시됨으로써 현실에서 지방자치의 면모를 갖추게 되었다. 　　17 변호사

> 제7차 개정헌법(1972년) 부칙 제10조 이 헌법에 의한 지방의회는 조국통일이 이루어질 때까지 구성하지 아니한다.

④ 3회 출제 ✕ 《제7차(6년) < 제8차(7년)》　　19 서울 7(추)

> 제7차 개정헌법(1972년) 제39조 ① 대통령은 통일주체국민회의에서 토론없이 무기명투표로 선거한다.
> ② 통일주체국민회의에서 재적대의원 과반수의 찬성을 얻은 자를 대통령당선자로 한다.
> 제7차 개정헌법(1972년) 제40조 ① 통일주체국민회의는 국회의원 정수의 3분의 1에 해당하는 수의 국회의원을 선거한다.
> 제7차 개정헌법(1972년) 제47조 대통령의 임기는 6년으로 한다.
> 제7차 개정헌법(1972년) 제124조 ② 대통령이 제안한 헌법개정안은 국민투표로 확정되며, 국회의원이 제안한 헌법개정안은 국회의 의결을 거쳐 통일주체국민회의의 의결로 확정된다.
> 제8차 개정헌법(1980년) 제45조 대통령의 임기는 7년으로 하며, 중임할 수 없다.

02 🔍 ②

① 3회 출제 ✕ 《포괄위임금지원칙에 위반》 업무정지기간은 국민의 직업의 자유와 관련된 중요한 사항으로서 업무정지의 사유 못지않게 업무정지처분의 핵심적·본질적 요소라 할 것이고, … 최소한 그 상한만은 법률의 형식으로 이를 명확하게 규정하여야 할 것인데, 이 사건 법률조항은 업무정지기간의 범위에 관하여 아무런 규정을 두고 있지 아니하고, … 특히 상한이 어떠할지를 예측할 수 없으므로 헌법 제75조의 포괄위임금지원칙에 위배된다(헌재 2011. 9. 29. 2010헌가93).　　19 경정, 14 국가 7

② ○ 구 법인세법 제32조 제5항은 위임입법의 주제(主題)에 관하여 '익금에 산입한 금액의 처분'이라는 점만을 제시하고 있을 뿐 수임자가 따라야 할 기준인 소득의 성격과 내용 및 그 귀속자에 관하여 아무런 규정을 두고 있지 아니하여, 결국 납세의무의 성부 및 범위와 직접 관계있는 소득처분에 관련된 과세 요건을 정함에 있어서 아무런 기준을 제시함이 없이 하위법규인 대통령령에 포괄적으로 위임하였으므로, 조세법률주의와 위임입법의 한계를 위반하였다(헌재 1995. 11. 30. 93헌바32).　　21 국회 9

③ 2회 출제 ✕ 《포괄위임금지원칙 위배 ✕》 도로교통법상 운전면허를 취득하여야 하는 자동차 및 건설기계의 종류는 매우 다양하고 어떤 운전면허로 어떤 자동차 또는 건설기계를 운전할 수 있도록 할지를 정하는 작업에는 전문적이고 기술적인 지식이 요구되므로, 제1종 특수면허로 운전할 수 있는 차의 종류를 하위법령에 위임할 필요성이 인정된다. 또한, 자동차 운전자로서는 자동차관리법상 특수자동차의 일종인 트레일러와 레커의 용도와 조작방법 등의 특성을 감안할 때 이를 운전하기 위해서는 제1종 특수면허를 취득하여야 한다는 점도 충분히 예측할 수 있으므로, 심판대상조항이 포괄위임금지원칙에 위배된다고 할 수 없다(헌재 2015. 1. 29. 2013헌바173).　　18 경정

④ 3회 출제 ✕ 《위임입법의 한계 일탈 ✕》 등록세 중과세의 대상이 되는 부동산등기의 지역적 범위에 관하여 대통령령으로 정하는 대도시

라고 규정한 (구)「지방세법」제138조 제1항은 중과세되는 부동산등기의 지역적 범위에 관한 기본사항을 정한 다음 단지 **세부적, 기술적 사항만을 대통령령에 위임한 것이라 할 것이므로 조세법률주의나 포괄위임입법금지원칙에 위반되지 아니한다**(헌재 2002. 3. 28. 2001헌바24 등).   20 경정, 19 서울 7(추), 16 국회 8

03   ③

① [3회 출제] × 《정당설립에 대한 절차적·형식적 요건 규정은 허용됨》 입법자가 정당으로 하여금 헌법상 부여된 기능을 이행하도록 하기 위하여 그에 필요한 절차적·형식적 요건을 규정함으로써 정당의 자유를 구체적으로 형성하고 동시에 제한하는 경우를 제외한다면, **정당설립에 대한 국가의 간섭이나 침해는 원칙적으로 허용되지 아니한다**. 이는 곧 입법자가 정당설립과 관련하여 **형식적 요건을 설정할 수는 있으나**(「정당법」제16조), 일정한 내용적 요건을 구비해야만 정당을 설립할 수 있다는 소위 '**허가절차**'**는 헌법적으로 허용되지 아니한다**는 것을 뜻한다(헌재 1999. 12. 23. 99헌마135).   13 법원 9

② [12회 출제] × 《정당설립의 자유를 침해》 정당등록취소조항은 어느 정당이 대통령선거나 지방자치선거에서 아무리 좋은 성과를 올리더라도 국회의원선거에서 일정 수준의 지지를 얻는 데 실패하면 등록이 취소될 수밖에 없어 불합리하고, 신생·군소정당으로 하여금 국회의원선거에의 참여 자체를 포기하게 할 우려도 있어 법익의 균형성 요건도 갖추지 못하였다. 따라서 **정당등록취소조항은 과잉금지원칙에 위반**되어 청구인들의 **정당설립의 자유를 침해한다**(헌재 2014. 1. 28. 2012헌마431 등).   24 경찰 2차

③ [9회 출제] ○ 이 사건 법률조항이 비록 정당으로 등록되기에 필요한 요건으로서 5개 이상의 시·도당 및 각 시·도당마다 1,000명 이상의 당원을 갖출 것을 요구하고 있기 때문에 국민의 **정당설립의 자유에 어느 정도 제한**을 가하는 점이 있는 것은 사실이나, 이러한 제한은 "상당한 기간 또는 계속해서", "상당한 지역에서" 국민의 정치적 의사형성 과정에 참여해야 한다는 헌법상 정당의 개념표지를 구현하기 위한 **합리적인 제한**이라고 할 것이므로, 그러한 제한은 **헌법적으로 정당화된다**고 할 것이다(헌재 2006. 3. 30. 2004헌마246).
                                                                        24 경정

④ [2회 출제] × 《다음 총선 이후 사용 가능》   12 국회 8

> 정당법 제41조(유사명칭 등의 사용금지) ④ 제44조제1항의 규정에 의하여 **등록취소된 정당의 명칭과 같은 명칭은** 등록취소된 날부터 최초로 실시하는 임기만료에 의한 **국회의원선거의 선거일까지 정당의 명칭으로 사용할 수 없다.**

04   ③

㉠ ○ 임용당시의 공무원법상의 정년까지 근무할 수 있다는 기대와 신뢰는 절대적인 권리로서 보호되어야만 하는 것은 아니고 **행정조직, 직제의 변경 또는 예산의 감소** 등 강한 공익상의 정당한 근거에 의하여 좌우될 수 있는 **상대적이고 가변적**인 것이라 할 것이므로 입법자에게는 제반사정을 고려하여 합리적인 범위내에서 **정년을 조정할 입**

법형성권이 인정된다(헌재 2000. 12. 14. 99헌마112 등).   20 국회 9

㉡ ○ 오늘날 **정치적 표현의 자유**는 자유민주적 기본질서의 **구성요소**로서 **다른 기본권에 비하여 우월한 효력**을 가지므로, **공무원이라는 지위**에 있다는 이유만으로 정치적 표현의 자유를 **전면적으로 부정할 수는 없다.** 다만 정치적 표현의 자유의 중요성을 감안하더라도, 정치적 표현의 자유도 절대적인 것은 아니기 때문에, 헌법 제37조 제2항에서 도출되는 과잉금지원칙에 따라 제한될 수 있다(헌재 2018. 7. 26. 2016헌바139).   22 법무사

㉢ [2회 출제] ○ 구 국가안전기획부직원법 제22조 제1항 및 제2호 및 동법 부칙 제3항이 국가안전기획부직원에 대한 **계급정년을 새로이 규정하면서 이를 소급적용하도록 하고 있다고 하더라도**, 이는 정당한 공익목적을 달성하기 위한 것으로 구법질서하에서의 공무원들의 기대 내지 신뢰를 과도하게 해치는 것으로 보기는 어렵다고 할 것이므로, 위 규정은 입법자의 입법형성재량 범위내에서 입법된 것이라고 할 것이고, 이를 **공무원신분관계의 안정을 침해하는 입법이라거나 소급입법에 의한 기본권 침해규정이라고 할 수 없다**(헌재 1994. 4. 28. 91헌바15 등).   10 국회 8

㉣ [5회 출제] × 《재산권보다 폭넓은 재량 有》 공무원연금제도는 공무원이라는 특수직역을 대상으로 한 노후소득보장, 근로보상, 재해보상, 부조 및 후생복지 등을 포괄적으로 실시하는 종합적인 사회보장제도이므로, **공무원연금법상의 각종 급여는 기본적으로 모두 사회보장적 급여로서의 성격을 가짐과 동시에 공로보상 내지 후불임금으로서의 성격도 함께 가지며 특히 퇴직연금수급권은** 경제적 가치 있는 권리로서 **헌법 제23조에 의하여 보장되는 재산권으로서의 성격**을 가지는데 다만, 그 구체적인 급여의 내용, 기여금의 액수 등을 형성하는 데에 있어서는 **직업공무원제도**나 **사회보험원리에 입각한 사회보장적 급여로서의 성격으로 인하여 일반적인 재산권에 비하여 입법자에게 상대적으로 보다 폭넓은 재량**이 헌법상 허용된다고 볼 수 있다(헌재 2005. 6. 30. 2004헌바42).   16 법원 9

05   ②

① [5회 출제] ○ 보도기관이 누리는 **언론의 자유**에 대한 제약의 문제는 결국 **피해자의 반론권과 서로 충돌**하는 관계에 있는 것으로 보아야 할 것이다. 이와 같이 두 기본권이 서로 충돌하는 경우에는 헌법의 통일성을 유지하기 위하여 상충하는 기본권 모두가 최대한으로 그 기능과 효력을 나타낼 수 있도록 하는 **조화로운 방법이 모색되어야 할 것**이고, 결국은 이 법에 규정한 정정보도청구제도가 과잉금지의 원칙에 따라 그 목적이 정당한 것인가 그러한 목적을 달성하기 위하여 마련된 수단 또한 언론의 자유를 제한하는 정도가 인격권과의 사이에 적정한 비례를 유지하는 것인가의 여부가 문제된다 할 것이다. … 현행 정정보도청구권제도는 그 명칭에 불구하고 **피해자의 반론게재청구권으로 해석되고 이는 언론의 자유와는 비록 서로 충돌되는 면이 없지 아니하나 전체적으로는 상충되는 기본권 사이에 합리적인 조화를 이루고 있는 것으로 판단된다**(헌재 1991. 9. 16. 89헌마165).
                                                                        24 경간

② [7회 출제] × 《적극적 단결권이 더 중시됨 / 본질적인 내용 침해 X》 이 경우 근로자의 단결하지 아니할 자유와 노동조합의 **적극적 단결권(조직강제권)이 충돌**하게 되나, 근로자에게 보장되는 적극적 단결

권이 단결하지 아니할 자유보다 특별한 의미를 갖고 있고, 노동조합의 조직강제권도 이른바 자유권을 수정하는 의미의 생존권(사회권)적 성격을 함께 가지는 만큼 근로자 개인의 자유권에 비하여 보다 특별한 가치로 보장되는 점 등을 고려하면, 노동조합의 적극적 단결권은 근로자 개인의 단결하지 않을 자유보다 중시된다고 할 것이고, 또 노동조합에게 위와 같은 조직강제권을 부여한다고 하여 이를 근로자의 단결하지 아니할 자유의 본질적인 내용을 침해하는 것으로 단정할 수는 없다(헌재 2005. 11. 24. 2002헌바95 등). 22 해간

③ 2회 출제 ○ 친양자 입양은 친생부모의 기본권과 친양자가 될 자의 기본권이 서로 대립·충돌하는 관계라고 볼 수 있다. 그리고 이들 기본권은 공히 가족생활에 대한 기본권으로서 그 서열이나 법익의 형량을 통하여 어느 한쪽의 기본권을 일방적으로 우선시키고 다른 쪽을 후퇴시키는 것은 부적절하다(헌재 2012. 5. 31. 2010헌바87). 21 국회 9

④ 3회 출제 ○ 대화내용을 위법하게 취득한 행위 못지않게 위법하게 취득된 대화내용을 전파하는 행위도 그 수단 및 시기, 공개대상의 범위 등에 따라서 대화의 비밀을 침해하는 정도가 상당할 수 있기 때문에 이 사건 법률조항이 타인간의 대화내용을 위법하게 취득한 자와 위법하게 취득된 타인간의 대화내용을 공개·누설한 자를 동일한 법정형으로 규정하였다고 하더라도, 그리고 벌금형을 선택적으로 규정하지 않았다고 하더라도 그것이 형벌 본래의 목적과 기능을 달성함에 있어 필요한 정도를 일탈하여 지나치게 과중한 형벌이라고는 보기 어렵다(헌재 2011. 8. 30. 2009헌바42). 22 경채

06 ④

㉠ 2회 출제 ×《거주·이전의 자유 제한 X → 일반적 행동의 자유 제한 O》 이 사건 법률조항에 의하여 고속도로 또는 자동차전용도로(이하 '고속도로 등'이라 한다)의 통행이 금지되므로, 이륜차를 이용하여 고속도로 등을 통행할 수 있는 자유를 제한당하고 있다. 이는 행복추구권에서 우러나오는 일반적 행동의 자유를 제한하는 것이다. 그러나 이 사건 법률조항이 청구인들의 거주이전의 자유를 제한한다고 보기는 어렵다(헌재 2007. 1. 17. 2005헌마1111 등). 24 경정

㉡ 3회 출제 ×《응급환자의 일반적 행동의 자유의 제한 문제 아님》 (1) 이 사건 각 심판대상조항은 응급환자 본인의 의료에 관한 자기결정권을 직접 제한하거나 그러한 제한을 규범의 목적으로 하고 있지 않다. 또한, 응급환자 본인의 행위가 응급환자의 생명과 건강에 중대한 위해를 가할 우려가 있어 사회통념상 용인될 수 없는 정도의 것으로 '응급진료 방해 행위'로 평가되는 경우 이는 정당한 자기결정권 내지 일반적 행동의 자유의 한계를 벗어난 것이므로, 이를 다른 응급진료 방해 행위와 마찬가지로 금지하고 형사처벌의 대상으로 한다고 하여 자기결정권 내지 일반적 행동의 자유의 제한의 문제가 발생하는 것은 아니다(헌재 2019. 6. 28. 2018헌바128).
(2) 응급의료법의 입법 취지, 규정형식 및 문언의 내용을 종합하여 볼 때, 건전한 상식과 통상적인 법 감정을 가진 일반인이라면 구체적인 사건에서 어떠한 행위가 이 사건 금지조항의 '그 밖의 방법'에 의하여 규율되는지 충분히 예견할 수 있고, 이는 법관의 보충적 해석을 통하여 확정될 수 있는 개념이다. 따라서 이 사건 금지조항의 '그 밖의 방법' 부분은 죄형법정주의의 명확성의 원칙에 위반된다고 할 수 없다(헌재 2019. 6. 28. 2018헌바128). 24 경찰 1차

㉢ ○ 이 사건 학급교체조항은 학교폭력의 심각성, 가해학생의 반성 정도, 피해학생의 피해 정도 등을 고려하여 가해학생과 피해학생의 격리가 필요한 경우에 행해지는 조치로서 가해학생은 학급만 교체될 뿐 기존에 받았던 교육 내용이 변경되는 것은 아니다. 피해학생이 가해학생과 동일한 학급 내에 있으면서 지속적으로 학교폭력의 위험에 노출된다면 심대한 정신적, 신체적 피해를 입을 수 있으므로, 이 사건 학급교체조항이 가해학생의 일반적 행동자유권을 과도하게 침해한다고 보기 어렵다(헌재 2023. 2. 23. 2019헌마93 등). 23 경채

㉣ 7회 출제 ○ (1) 자동차등을 이용한 범죄를 근절하기 위하여 그에 대한 행정적 제재를 강화할 필요가 있다 하더라도 이를 임의적 운전면허 취소 또는 정지사유로 규정함으로써 불법의 정도에 상응하는 제재수단을 선택할 수 있도록 하여도 충분히 그 목적을 달성하는 것이 가능함에도, 심판대상조항은 이에 그치지 아니하고 필요적으로 운전면허를 취소하도록 하여 구체적 사안의 개별성과 특수성을 고려할 수 있는 여지를 일체 배제하고 있다. … 따라서 심판대상조항은 직업의 자유 및 일반적 행동의 자유를 침해한다(헌재 2015. 5. 28. 2013헌가6).
(2) 자동차등을 이용한 범죄행위의 모든 유형이 기본권 제한의 본질적인 사항으로서 입법자가 반드시 법률로써 규율하여야 하는 사항이라고 볼 수 없고, 법률에서 운전면허의 필요적 취소사유인 살인, 강간 등 자동차등을 이용한 범죄행위에 대한 예측가능한 기준을 제시한 이상, 심판대상조항은 법률유보원칙에 위배되지 아니한다(헌재 2015. 5. 28. 2013헌가6).
(3) 심판대상조항에 의하여 하위법령에 규정될 자동차등을 이용한 범죄행위의 유형은 '범죄의 실행행위 수단으로 자동차등을 이용하여 살인 또는 강간 등과 같이 고의로 국민의 생명과 재산에 큰 위협을 초래할 수 있는 중대한 범죄'가 될 것임을 충분히 예측할 수 있으므로, 심판대상조항은 포괄위임금지원칙에 위배되지 아니한다(헌재 2015. 5. 28. 2013헌가6). 23 해간

07 ③

① 5회 출제 ○ 이 사건 부칙조항은 개정 전 공직자윤리법 조항이 혼인관계에서 남성과 여성에 대한 차별적 인식에 기인한 것이라는 반성적 고려에 따라 개정 공직자윤리법 조항이 시행되었음에도 불구하고, 일부 혼인한 여성 등록의무자에게 이미 개정 전 공직자윤리법 조항에 따라 재산등록을 하였다는 이유만으로 남녀차별적인 인식에 기인하였던 종전의 규정을 따를 것을 요구하고 있다. … 이는 성별에 의한 차별금지 및 혼인과 가족생활에서의 양성의 평등을 천명하고 있는 헌법에 정면으로 위배되는 것으로 그 목적의 정당성을 인정할 수 없다. 따라서 이 사건 부칙조항은 평등원칙에 위배된다(헌재 2021. 9. 30. 2019헌가3). 25 경간

② 2회 출제 ○ 비록 고등학교 교육이 의무교육은 아니지만 매우 보편화된 일반교육임을 알 수 있다. 따라서 고등학교 진학 기회의 제한은 대학 등 고등교육기관에 비하여 당사자에게 미치는 제한의 효과가 더욱 크므로 보다 더 엄격히 심사하여야 한다. 따라서 이 사건 중복지원금지 조항의 차별 목적과 차별의 정도가 비례원칙을 준수하는지 살펴본다(헌재 2019. 4. 11. 2018헌마221). 24 경찰 1차

③ ×《평등원칙 위반 아님》 다수 지역단위 선거구의 지역구국회의원이라고 하더라도 지역활동을 위해 반드시 지역단위마다 국회의원 사무실을 설치하여야 하는 필연성이 인정된다고 보기 어려울 뿐만 아

니라, 설령 다수의 국회의원 사무실을 설치하는 경우에도 대부분의 비용은 사무실 임차료, 인건비 등으로 구성될 것인데, 지역에 따라 사무실 임차료, 인건비 등이 모두 다르므로, 반드시 **다수 지역단위 선거구의 지역구국회의원이** 단일 지역단위 선거구의 지역구국회의원에 비해서 사무실 운영 등에 있어 **더 많은 비용이 소요된다고 볼 만한 근거가 없다.** … 심판대상조항이 단일 지역단위 선거구의 지역구국회의원인지 다수 지역단위 선거구의 지역구국회의원인지 여부에 차이를 두지 않고 정치자금법에서 정하지 아니한 방법으로 정치자금을 기부받은 경우 정치자금부정수수죄로 처벌하는 것이 불합리하다고 보기는 어려우므로, **평등원칙에 위반되지 아니한다**(헌재 2022. 10. 27. 2019헌바19). 23 소간

④ [2회 출제] ○ 단서조항에 해당하지 않는 교통사고로 중상해를 입은 피해자와 단서조항에 해당하는 교통사고의 중상해 피해자 및 사망사고의 피해자 사이의 차별문제는 교통사고 운전자의 기소 여부에 따라 피해자의 헌법상 보장된 **재판절차진술권이 행사될 수 있는지 여부가 결정**되어 이는 **기본권 행사에 있어서 중대한 제한을 구성하기 때문에 엄격한 심사기준에 의하여 판단한다.** … 교통사고로 중상해를 입은 피해자들의 **평등권을 침해**하는 것이라 할 것이다(헌재 2009. 2. 26. 2005헌마764 등). 25 경간(변형)

08 ④

① ✕ 《명확성원칙 위배 아님》 건전한 상식과 통상적인 법감정을 가진 사람들은 어떠한 행위가 이 사건 의무조항이 정하는 구성요건에 해당되는지 여부를 충분히 파악할 수 있다고 판단되고, 그것이 지나치게 불명확하여 법 집행기관의 자의적인 해석을 가능하게 한다고 보기는 어려우므로, 이 사건 의무조항은 **죄형법정주의 명확성원칙에 위배되지 아니한다**(헌재 2020. 12. 23. 2017헌바463 등). 24 경정

② [2회 출제] ✕ 《명확성원칙 위배 아님》 이 사건 정의조항 중 '반민규명법 제2조 제6호 내지 제9호의 행위를 한 자'로 규정한 부분이 불명확하다고 할 수 없고, **'독립운동에 적극 참여한 자'** 부분은 '일제 강점 하에서 우리 민족의 독립을 쟁취하려는 운동에 의욕적이고 능동적으로 관여한 자'라는 뜻이므로 그 의미를 넉넉히 파악할 수 있다. … 설령 위 조항에 어느 정도의 애매함이 내포되어 있다 하더라도 이는 다른 규정들과의 체계조화적인 이해 내지 당해 법률의 입법목적과 제정취지에 따른 해석으로 충분히 해소될 수 있으므로, 위 조항의 의미는 명확성의 기준에 어긋난다고 볼 수 없고 적어도 건전한 상식과 통상적인 법감정을 가진 사람으로서는 위 조항의 의미를 대략적으로 예측할 수 있다고 보인다. 따라서 이 사건 정의조항은 법률의 **명확성원칙에 위반되지 않는다**(헌재 2011. 3. 31. 2008헌바141 등). 13 변호사

③ [4회 출제] ✕ 《명확성원칙 위배 아님》 이 사건 집행정지 요건 조항에서 집행정지 요건으로 규정한 **'회복하기 어려운 손해'**는 대법원 판례에 의하여 '특별한 사정이 없는 한 금전으로 보상할 수 없는 손해로서 이는 금전보상이 불능인 경우 내지는 금전보상으로는 사회관념상 행정처분을 받은 당사자가 참고 견딜 수 없거나 또는 참고 견디기가 현저히 곤란한 경우의 유형, 무형의 손해'를 의미한 것으로 해석할 수 있고, '긴급한 필요'란 손해의 발생이 시간상 임박하여 손해를 방지하기 위해서 본안판결까지 기다릴 여유가 없는 경우를 의미하는 것으로, 이는 집행정지가 임시적 권리구제제도로서 잠정성, 긴급성, 본안소송에의 부종성의 특징을 지니는 것이라는 점에서 그 의미를

쉽게 예측할 수 있다. 이와 같이 심판대상조항은 법관의 법 보충작용을 통한 판례에 의하여 합리적으로 해석할 수 있고, 자의적인 법해석의 위험이 있다고 보기 어려우므로 **명확성 원칙에 위배되지 않는다**(헌재 2018. 1. 25. 2016헌바208). 20 국가 7

④ [2회 출제] ○ 건전한 상식을 가진 일반인이면 위와 같은 **'판결에 영향을 미칠 중요한 사항에 관하여 판단을 누락한 때'의 의미내용을 예측할 수 있다** 할 것이고, 이미 확립된 판례에 기초하여 그 해석 및 적용에 대한 신뢰성이 있는 원칙을 도출할 수 있어 해석자 개인의 주관적인 판단에 따라 그 해석이 좌우될 가능성이 없으므로, 심판대상조항은 **명확성원칙에 위배되지 아니한다**(헌재 2016. 12. 29. 2016헌바43). 23 법무사

09 ①

㉠ ○ 수용자의 지위에서 예정되어 있는 기본권 제한이라도 형의 집행과 도주 방지라는 구금의 목적과 관련되어야 하고 그 필요한 범위를 벗어날 수 없으며, **교도소의 안전 및 질서유지를 위하여 행해지는 규율과 징계로 인한 기본권의 제한도 다른 방법으로는 그 목적을 달성할 수 없는 경우에만 예외적으로 허용되어야 한다**(헌재 2016. 6. 30. 2015헌마36). 23 경찰 2차

㉡ [5회 출제] ○ 실외운동은 구금되어 있는 수용자의 신체적·정신적 건강을 유지하기 위한 최소한의 기본적 요청이고, 수용자의 건강 유지는 교정교화와 건전한 사회복귀라는 형 집행의 근본적 목표를 달성하는 데 필수적이다. 위 조항은 **예외적으로 실외운동을 허용**하는 경우에도, 실외운동의 기회가 부여되어야 하는 **최저기준을 법령에서 명시하고 있지 않으므로, 침해의 최소성 원칙에 위배**된다. 위 조항은 수용자의 정신적·신체적 건강에 필요 이상의 불이익을 가하고 있고, 이는 공익에 비하여 큰 것이므로 위 조항은 법익의 균형성 요건도 갖추지 못하였다. 따라서 위 **조항은 청구인의 신체의 자유를 침해한다**(헌재 2016. 5. 26. 2014헌마45). 24 법원 9

③ [2회 출제] ✕ 《신체의 자유 침해 아님》 이 사건 보호장비 사용행위는 도주 등의 교정사고를 예방하기 위한 것으로서 그 목적이 정당하고, 상체승의 포승과 앞으로 사용한 수갑은 이송하는 경우의 보호장비로서 적절하다. … 따라서 이 사건 **보호장비 사용행위**는 그 기본권 제한의 범위 내에서 이루어진 것이므로 청구인의 **인격권과 신체의 자유를 침해하지 않는다**(헌재 2012. 7. 26. 2011헌마426). 14 변호사

④ ✕ 《신체의 자유 침해 아님》 이 사건 **보호장비 사용행위**는 수형자가 도주나 자해, 다른 사람에 대한 위해와 같은 교정사고를 저지르는 것을 예방하고, 법원 내 질서 유지에 협력하기 위한 것으로, 그 목적의 정당성 및 수단의 적합성이 인정된다. … 따라서 이 사건 **보호장비 사용행위는 과잉금지원칙을 위반하여 청구인의 신체의 자유 및 인격권을 침해하지 않는다**(헌재 2023. 6. 29. 2018헌마215). 24 경정

10 ①

① [3회 출제] ✕ 《압수·수색과 구별됨》 인터넷회선 감청은 검사가 법원의 허가를 받으면, 피의자 및 피내사자에 해당하는 감청대상자나 해당 인터넷회선의 가입자의 동의나 승낙을 얻지 아니하고도, 전기

통신사업자의 협조를 통해 해당 인터넷회선을 통해 송·수신되는 전기통신에 대해 감청을 집행함으로써 정보주체의 기본권을 제한할 수 있으므로, **법이 정한 강제처분에 해당한다**. 또한 **인터넷회선 감청은 서버에 저장된 정보가 아니라, 인터넷상에서 발신되어 수신되기까지의 과정 중에 수집되는 정보, 즉 전송 중인 정보의 수집을 위한 수사이므로, 압수·수색과 구별**된다(헌재 2018. 8. 30. 2016헌마263). 23 경간

② ○ 구 통신비밀보호법 제3조 제1항이 공개되지 아니한 타인간의 대화를 녹음 또는 청취하지 못하도록 한 것은, 대화에 원래부터 참여하지 않는 제3자가 그 대화를 하는 타인간의 발언을 녹음 또는 청취해서는 아니 된다는 취지이다. 따라서 **대화에 원래부터 참여하지 않는 제3자가 일반 공중이 알 수 있도록 공개되지 아니한 타인간의 발언을 녹음**하거나 **전자장치 또는 기계적 수단을 이용하여 청취**하는 것은 특별한 사정이 없는 한 **같은 법 제3조 제1항에 위반**된다(대판 2016. 5. 12. 2013도15616). 25 경간

③ [2회 출제] ○ 심판대상조항은 온라인서비스제공자의 직업의 자유, 구체적으로는 영업수행의 자유를 제한하며, 서비스이용자의 통신의 비밀과 표현의 자유를 제한한다. … 심판대상조항을 통하여 아동음란물의 광범위한 유통·확산을 사전적으로 차단하고 이를 통해 아동음란물이 초래하는 각종 폐해를 방지하며 특히 관련된 아동·청소년의 인권 침해 가능성을 사전적으로 차단할 수 있는바, 이러한 공익이 사적 불이익보다 더 크다. 따라서 **심판대상조항은 온라인서비스제공자의 영업수행의 자유, 서비스이용자의 통신의 비밀과 표현의 자유를 침해하지 아니한다**(헌재 2018. 6. 28. 2016헌가15). 24 국회 8

④ [2회 출제] ○ 이 사건 시정요구는 불법정보 등의 유통을 차단함으로써 정보통신에서의 건전한 문화를 창달하고 정보통신의 올바른 이용환경을 조성하고자 하는 것으로서 그 목적이 정당하다. 보안접속 프로토콜(https)을 사용하는 경우에도 접근을 차단할 수 있도록 서버이름 표시(확인하여 불법정보 등을 담고 있는 특정 웹사이트에 대한 접속을 차단하는 것은 수단의 적합성이 인정된다. … 그렇다면 **이 사건 시정요구는 청구인들의 통신의 비밀과 자유 및 알 권리를 침해하지 아니한다**(헌재 2023. 10. 26. 2019헌마158 등). 25 경간

11 🔑 ③

① ○ **군사기밀의 범위**는 국민의 표현의 자유 내지 알 권리의 대상영역을 최대한 넓혀줄 수 있도록 **필요한 최소한도에 한정되어야 할 것**이며, 따라서 구 군사기밀보호법 제6조, 제7조, 제10조는 동법 제2조 제1항의 **'군사상의 기밀'**이 비공지의 사실로서 적법절차에 따라 군사기밀로서의 표지를 갖추고, 그 누설이 국가의 안전보장에 명백한 위험을 초래한다고 볼 만큼의 **실질 가치를 가진 것으로 인정되는 경우에 한하여 적용**된다 할 것이므로 그러한 해석하에 **헌법에 위반되지 아니한다**(헌재 2014. 9. 25. 2011헌바358). 22 경찰 2차

② [5회 출제] ○ 변호사시험 성적 비공개를 통하여 법학전문대학원 간의 과다경쟁 및 서열화를 방지하고, 교육과정이 충실하게 이행될 수 있도록 하여 다양한 분야의 전문성을 갖춘 양질의 변호사를 양성하기 위한 심판대상조항의 **입법목적은 정당**하다. … 오히려 시험성적을 공개하는 경우 경쟁력 있는 법률가를 양성할 수 있고, 각종 법조직역에 채용과 선발의 객관적 기준을 제공할 수 있다. 따라서 **변호사시험 성적의 비공개는 기존 대학의 서열화를 고착시키는 등의 부작용을 낳고 있으므로 수단의 적절성이 인정되지 않는다**. … 따라서 심판대상조항은 과잉금지원칙에 위배하여 청구인들의 **알 권리를 침해한다**(헌재 2015. 6. 25. 2011헌마769 등). 24 경찰 1차

③ [2회 출제] × 《**정보공개청구권 침해 아님**》 입법자는 현실적인 조건들을 감안해서 위 부칙조항과 같이 판결서 열람·복사에 관한 개정법의 적용 범위를 일정 부분 제한할 수 있으며, 청구인은 비록 전자적 방법은 아니라 해도 군사법원법 제93조의2에 따라 개정법 시행 이전에 확정된 판결서를 열람·복사할 수 있다. 이 사건 부칙조항으로 인해 청구인이 전자적 방법을 통해 **열람·복사할 수 있는 판결서의 범위가 제한된다** 하더라도 이는 입법재량의 한계 내에 있으므로, 위 부칙조항이 청구인의 **정보공개청구권을 침해한다고 할 수 없다**(헌재 2015. 12. 23. 2014헌마185). 24 경간

④ [2회 출제] ○ (1) 정보의 주체는 자신에 관한 정보가 언제 누구에게 어느 범위까지 알려지고 또 이용되도록 할 것인지를 그 정보주체가 스스로 결정할 수 있는 권리, 즉 개인정보 자기결정권을 가지는바, **교원의 교원단체 및 노동조합 가입 정보에 대한 공개는 당해 교원의 개인정보 자기결정권**에 대해서도 제한을 가하는 것이라 할 수 있다. 결국, 이 사건은 교원의 교원단체 및 노동조합 가입에 관한 **정보의 공개를 요구**하는 청구인들의 **알 권리** 및 그것을 통한 **교육권과 그 정보의 비공개를 요청**하는 정보주체인 교원의 **사생활의 비밀과 자유** 및 이를 구체화한 **개인정보 자기결정권**이 충돌하는 문제상황이다(헌재 2011. 12. 29. 2010헌마293).
(2) **개별 교원의 교원단체 및 노동조합 가입 정보는 위 '개인정보 보호법' 제23조상의 노동조합의 가입·탈퇴에 관한 정보로서 '민감정보'에 해당**하므로, 그 공개에는 최대한의 신중과 자제가 요청된다(헌재 2011. 12. 29. 2010헌마293). 23 경채

12 🔑 ④

① [2회 출제] × 《**완화된 기준 적용**》 농협은 앞서 본 바와 같이 기본적으로 사법인의 성격을 지니지만, 농협법에서 정하는 특정한 국가적 목적을 위하여 설립되는 공공성이 강한 법인으로, 그 수행하는 사업 내지 업무가 국민경제에서 상당한 비중을 차지하고 국민경제 및 국가 전체의 경제와 관련된 경제적 기능에 있어서 금융기관에 준하는 공공성을 가진다. … **공적인 역할을 수행하는 결사 또는 그 구성원들이 기본권의 침해를 주장하는 경우에 과잉금지원칙 위배 여부를 판단할 때에는, 순수한 사적인 임의결사의 기본권이 제한되는 경우의 심사에 비해서는 완화된 기준을 적용**할 수 있다(헌재 2012. 12. 27. 2011헌마562 등). 17 국가 7(추)

② [2회 출제] × 《**결사의 자유 제한**》 (1) 새마을금고는 기본적으로 사법인적인 성격을 지니고 있으므로, 각 금고의 활동도 결사의 자유 보장의 대상이 된다. 그리고 임원 선거에 있어서 법률에서 정하고 있는 방법 이외의 방법으로 선거운동을 할 수 없도록 하고, 이를 위반하여 선거운동을 한 사람을 처벌하는 **심판대상조항은 단체의 내부적 활동을 스스로 결정하고 형성하고자 하는 결사의 자유를 제한한다**(헌재 2018. 2. 22. 2016헌바364).
(2) 심판대상조항은 금고에서 발행하는 선거공보 제작 및 배부, 금고에서 개최하는 합동연설회에서의 지지 호소, 전화 및 컴퓨터통신을 이용한 지지 호소의 방법을 통한 선거운동만을 허용함으로써, **임원 선거에 출마하는 후보자가 자신이 원하는 방법으로 자신의 선거공약 등을 자유롭게 표현할 자유를 제한**한다(헌재 2018. 2. 22. 2016헌바364).

(3) 새마을금고의 경영을 책임지는 임원에게는 고도의 윤리성이 요구되므로, 임원을 선거로 선출함에 있어서는 부정·탁락행위를 방지하고 선거제도의 공정성을 확보해야 할 필요성이 크다. 심판대상조항은 새마을금고 임원 선거의 과열과 혼탁을 방지함으로써 선거의 공정성을 담보하고자 하는 것으로 그 입법목적이 정당하다. … 따라서 심판대상조항은 과잉금지원칙에 위반하여 **결사의 자유 및 표현의 자유를 침해하지 아니한다**(헌재 2018. 2. 22. 2016헌바364). 22 변호사

③ **[2회 출제]** × 《결사의 자유 침해 아님》심판대상조항의 입법목적은 양 법인의 중복가입에 따라 발생할 수 있는 두 단체 사이의 마찰, 중복지원으로 인한 예산낭비, 중복가입자의 이해상반행위를 방지하기 위한 것이다. … 또한 심판대상조항으로 인하여 고엽제 관련자가 월남전참전자회의 회원이 될 수 없는 것이 아니라 월남전 참전자 중 고엽제 관련자는 양 법인 중에서 회원으로 가입할 법인을 선택할 수 있고 언제라도 그 선택의 변경이 가능하므로 심판대상조항이 청구인의 **결사의 자유를 전면적으로 제한**하는 것은 **아니다**. 따라서 심판대상조항은 **과잉금지원칙에 위배된다고 볼 수 없다**(헌재 2016. 4. 28. 2014헌바442). 24 경간

④ **[2회 출제]** ○ 안마사들은 시각장애로 말미암아 공동의 이익을 증진하기 위하여 개인적으로나 이익단체를 조직하여 활동하는 것이 용이하지 않고, 안마사들로 하여금 하나의 중앙회에 의무적으로 가입하도록 하여 전국적 차원의 단체를 존속시키는 것은 그들 사이에 정보를 교환하고 친목을 도모하며 직업수행 능력을 높일 수 있고, 시각장애인으로 하여금 직업 활동을 효과적으로 수행하도록 하기 위하여 **국가가 적극적으로 개입하는 것이 필요**하다. 이 사건 법률조항으로 안마사회에 의무적으로 가입하고 정관을 준수하고 회비를 납부하게 되지만 과다한 부담이라고 단정하기 어렵다. 이 사건 법률조항은 안마사들의 **결사의 자유를 침해하지 않는다**(헌재 2008. 10. 30. 2006헌가15). 16 변호사

13 🔑 ②

① **[2회 출제]** × 《직업선택의 자유 제한 X, 알권리 침해 O》 청구인들은 변호사시험의 성적 공개를 금지하고 있는 심판대상조항이 변호사시험 합격자들이 공정한 경쟁을 통하여 직업을 선택할 기회를 배제함으로써 직업의 자유를 침해한다고 주장한다. 그러나 심판대상조항은 변호사시험 합격자에 대하여 그 성적을 공개하지 않도록 규정하고 있을 뿐이고, 이러한 시험 성적의 비공개가 청구인들의 법조인으로서의 직역 선택이나 직업수행에 있어서 어떠한 제한을 두고 있는 것은 아니므로 심판대상조항이 청구인들의 **직업선택의 자유를 제한하고 있다고 볼 수 없다**. … 심판대상조항은 과잉금지원칙에 위배되어 청구인들의 **알 권리(정보공개청구권)를 침해한다**(헌재 2015. 6. 25. 2011헌마769 등). 19 법무사

② **[2회 출제]** ○ 주 52시간 상한제조항은 연장근로시간에 관한 사용자와 근로자 간의 계약 내용을 제한한다는 측면에서는 사용자와 근로자의 **계약의 자유를 제한**하고, 근로자를 고용하여 재화나 용역을 제공하는 사용자의 활동을 제한한다는 측면에서는 **직업의 자유를 제한**한다. … 입법자는 주 52시간 상한제로 인해 근로자에게도 임금 감소 등의 피해가 발생할 수 있지만, 근로자의 휴식을 보장하는 것이 무엇보다 중요하다는 인식을 정착시켜 장시간 노동이 이루어졌던 왜곡된 노동 관행을 개선해야 한다고 판단했다. 따라서 이러한 입법자의 판단이 합리성을 결여했다고 볼 수 없으므로 주 52시간 상한제조항은 과잉금지원칙에 반하여 상시 5명 이상 근로자를 사용하는 **사업주인 청구인의 계약의 자유와 직업의 자유, 근로자인 청구인들의 계약의 자유를 침해하지 않는다**(헌재 2024. 2. 28. 2019헌마500). 24 법무사

③ × 《피해의 최소성을 충족 X》 이 사건 고위험자 이송은 시험장 출입 시 또는 시험 중에 37.5도 이상의 발열이나 기침 또는 호흡곤란 등의 호흡기 증상이 있는 응시자 중 고위험자를 의료기관에 이송하도록 하면서도 고위험자의 정의나 판단기준을 정하고 있지 않다. 따라서 고위험자의 분류 및 이송이 반드시 감염병 확산 방지와 적정한 시험 운영 및 관리를 위하여 필요한 범위 내에서 최소한으로만 이루어질 것이 보장된다고 볼 수 없다. … 따라서 피청구인 측의 판단에 따라 '고위험자'를 일률적으로 의료기관에 이송하도록 한 이 사건 고위험자 이송은 **피해의 최소성을 충족하지 못한다**. … 따라서 이 사건 알림 중 고위험자를 의료기관에 이송하도록 한 부분은 청구인들의 **직업선택의 자유를 침해한다**(헌재 2023. 2. 23. 2020헌마736). 23 경채

④ **[3회 출제]** × 《직업선택의 자유 침해》 심판대상조항이 **세무사 자격 보유 변호사**에 대하여 세무사로서의 **세무대리를 일체 할 수 없도록 전면 금지**하는 것은 세무사 자격 부여의 의미를 상실시키는 것일 뿐만 아니라, 세무사 자격에 기한 직업선택의 자유를 지나치게 제한하는 것이다. … 그렇다면, 심판대상조항은 과잉금지원칙을 위반하여 **세무사 자격 보유 변호사의 직업선택의 자유를 침해하므로 헌법에 위반된다**(헌재 2018. 4. 26. 2015헌가19). 18 국회 9

14 🔑 ①

① × 《적법절차원칙 위반 아님, 영업의 자유와 재산권 침해 X》 개성공단 전면중단 조치는 국가안보와 관련된 조치로서, 현지 체류 국민들의 신변안전을 위해 최대한 기밀로 유지하면서 신속하게 처리할 필요가 있었다. 위 조치과정에서 국가안보에 관한 필수 기관이 참여하는 국가안전보장회의 상임위원회의 협의를 거쳤고, '남북교류협력에 관한 법률'이 규정하는 조정명령이 국무회의를 사전 절차로 요구하지 않으며, 관련 기업인들과의 간담회가 개최되기도 하였으므로, 조치의 특성, 절차 이행으로 제고될 가치, 국가작용의 효율성 등의 형량에 따른 **필수적 절차는 거친 것**으로 보아야 한다. 따라서 **국무회의 심의**, 이해관계자에 대한 **의견청취절차** 등을 거치지 않았더라도 개성공단 전면중단 조치가 **적법절차원칙을 위반하여 개성공단 투자기업인 청구인들의 영업의 자유와 재산권을 침해한다고 볼 수 없다**(헌재 2022. 1. 27. 2016헌마364). 24 법무사

② **[2회 출제]** ○ '개성공단의 정상화를 위한 합의서'에는 국내법과 동일한 법적 구속력을 인정하기 어렵고, 과거 사례 등에 비추어 **개성공단의 중단 가능성은 충분히 예상**할 수 있었으므로, **개성공단 전면중단 조치는 신뢰보호원칙을 위반하여 개성공단 투자기업인 청구인들의 영업의 자유와 재산권을 침해하지 아니한다**(헌재 2022. 1. 27. 2016헌마364). 24 법무사

③ **[2회 출제]** ○ 개성공단 전면중단 조치는 공익 목적을 위하여 개별적, 구체적으로 형성된 구체적인 재산권의 이용을 제한하는 **공용 제한이 아니므로**, 이에 대한 **정당한 보상**이 지급되지 않았다고 하더라도, 그 조치가 헌법 제23조 제3항을 위반하여 개성공단 투자기업인 청구인들의 **재산권을 침해한 것으로 볼 수 없다**(헌재 2022. 1. 27. 2016헌마364). 24 법무사

④ ○ **개성공단 전면중단 조치**는 국제평화를 위협하는 북한의 핵무기 개발을 경제적 제재조치를 통해 저지하려는 국제적 합의에 이바지하기 위한 조치로서, 통일부장관의 조정명령에 관한 '남북교류협력에 관한 법률' 제18조 제1항 제2호, 대통령의 국가의 계속성 보장 책무, 행정에 대한 지휘·감독권 등을 규정한 헌법 제66조, 정부조직법 제11조 등이 근거가 될 수 있으므로, **헌법과 법률에 근거한 조치로 보아야 한다**(헌재 2022. 1. 27. 2016헌마364). 24 법무사

15 🔍 ③

① ✕ 《**모두 교원이 전적으로 결정 아님**》 대학의 학문과 연구 활동에서 중요한 역할을 담당하는 교원에게 그와 관련된 영역에서 **주도적인 역할을 인정**하는 것은 **대학의 자율성의 본질에 부합하고 필요하나**, 이것이 교육과 연구에 관한 사항은 **모두 교원이 전적으로 결정**할 수 있어야 한다는 **의미는 아니다.** 대학평의원회의 심의·자문사항은 제한적이고, 교원의 인사에 관한 사항에 대해서는 교원으로 구성되는 대학인사위원회가 심의하는 점, 대학평의원회의 심의결과는 대학의 의사결정을 기속하는 효력이 없는 점을 종합하면, 이 사건 **구성제한 조항**으로 인하여 교육과 연구에 관한 사항의 결정에 **교원이 주도적 지위를 가질 수 없게 된다고 볼 수 없다**(헌재 2023. 10. 26. 2018헌마872). 24 경찰 2차

② 2회 출제 ✕ 《**교원지위법정주의 본질 훼손 → 위헌**》 임기만료 교원에 대한 재임용거부는 이 사건 교원지위법조항 소정의 "징계처분 기타 그 의사에 반하는 불리한 처분"에 버금가는 효과를 가진다고 보아야 하므로 이에 대하여는 마땅히 **교육인적자원부 교원징계재심위원회의 재심사유**, 나아가 법원에 의한 사법심사의 대상이 되어야 한다. 그럼에도 불구하고 이 사건 교원지위법조항은 이에 대하여 아무런 규정을 하고 있지 아니하므로, 입법자가 법률로 정하여야 할 교원지위의 기본적 사항에는 교원의 신분이 부당하게 박탈되지 않도록 하는 최소한의 보호의무에 관한 사항이 포함되어야 한다는 헌법 제31조 제6항 소정의 **교원지위법정주의에 위반**된다고 할 것이다(헌재 2003. 12. 18. 2002헌바14 등). 22 경채

③ ○ **긴급조치 제9호** 제1항 다호, 제5항에서는 허가받지 않은 **학생의 모든 집회·시위와 정치관여행위를 금지**하고, 이를 위반한 자에 대하여는 **주무부장관이 학생의 제적**을 명하고 **소속 학교의 휴업, 휴교, 폐쇄조치를 할 수 있도록 규정**하였다. 이는 **집회·시위의 자유, 학문의 자유**와 **대학의 자율성 내지 대학자치의 원칙을 본질적으로 침해**하는 것이며, 행위자의 소속 학교나 단체 등에 대한 불이익을 규정하여, 자기가 결정하지 않은 것이나 결정할 수 없는 것에 대하여는 책임을 지지 않고 책임부담의 범위도 스스로 결정한 결과 내지 그와 상관관계가 있는 부분에 국한됨을 의미하여 책임의 한정원리로 기능하는 헌법상의 자기책임의 원리에도 위반된다(헌재 2013. 3. 21. 2010헌바132 등). 24 경찰 2차

④ 2회 출제 ✕ 《**대학 자체의 계속적 존립에 미치지 않음**》 국립대학인 세무대학은 공법인으로서 사립대학과 마찬가지로 대학의 자율권이라는 기본권의 보호를 받으므로, 세무대학은 국가의 간섭 없이 인사·학사·시설·재정 등 대학과 관련된 사항들을 자주적으로 결정하고 운영할 자유를 갖는다. 그러나 **대학의 자율성은 그 보호영역이 원칙적으로 당해 대학 자체의 계속적 존립에까지 미치는 것은 아니다**(헌재 2001. 2. 22. 99헌마613). 15 경정

16 🔍 ④

① 4회 출제 ○ (1) 교원노조를 설립하거나 가입하여 활동할 수 있는 자격을 초·중등교원으로 한정함으로써 **교육공무원이 아닌 대학 교원**에 대해서는 근로기본권의 핵심인 **단결권조차 전면적으로 부정**한 측면에 대해서는 그 **입법목적의 정당성**을 인정하기 어렵고, **수단의 적합성 역시 인정할 수 없다.** ⋯ 최근 들어 대학 사회가 다층적으로 변화하면서 대학 교원의 사회·경제적 지위의 향상을 위한 요구가 높아지고 있는 상황에서 단결권을 행사하지 못한 채 개별적으로만 근로조건의 향상을 도모해야 하는 불이익은 중대한 것이므로, 심판대상조항은 **과잉금지원칙에 위배된다**(헌재 2018. 8. 30. 2015헌가38).
(2) **교육공무원인 대학 교원**에 대하여 보더라도, 교육공무원의 직무수행의 특성과 헌법 제33조 제1항 및 제2항의 정신을 종합해 볼 때, **교육공무원에게 근로3권을 일체 허용하지 않고 전면적으로 부정**하는 것은 합리성을 상실한 과도한 것으로서 **입법형성권의 범위를 벗어나 헌법에 위반**된다(헌재 2018. 8. 30. 2015헌가38). 24 경간

② ○ 근로자 집단의 **단체행동권 행사**는 단순히 개인적 차원의 권리행사가 아니라 일시에 **집단적으로 행해지는 실력행사**로써 상대방에 대한 통일적 압력으로 작용하게 되므로 **위력의 요소를 가지고 있다**. ⋯ 따라서 단체행동권 행사라는 이유로 무조건 형사책임이나 민사책임이 면제된다고 보기는 어려우며, 사용자의 재산권이나 직업의 자유, 경제활동의 자유를 **현저히 침해**하고, 거래질서나 국가 경제에 **중대한 영향**을 미치는 일정한 단체행동권의 행사에 대한 **제한은 가능하다**(헌재 2022. 5. 26. 2012헌바66). 23 경찰 2차

③ ○ 일반적으로 말하여 공무원이란 직접 또는 간접적으로 국민에 의하여 선출 또는 임용되어 국가나 공공단체와 공법상의 근무관계를 맺고 공공적 업무를 담당하고 있는 사람들을 가리킨다고 할 수 있고, 공무원도 각종 노무의 대가로 얻는 수입에 의존하여 생활하는 사람이라는 점에서는 **통상적인 의미의 근로자적인 성격**을 지니고 있으므로 헌법 제33조 제2항 역시 **공무원의 근로자적 성격을 인정하는 것을 전제로 규정**하고 있다(헌재 1992. 4. 28. 90헌바27). 17 국가 7(추)

④ 2회 출제 ✕ 《**평등권 심사 안 함**》 사건의 쟁점은 이와 같이 근로기본권의 핵심적인 권리인 단결권조차 인정되지 아니하는 대학 교원에 대한 기본권의 제한이 헌법적으로 정당화될 수 있는지 여부이다. **평등원칙** 위배에 관한 제청이유는 초·중등교원과 달리 대학 교원의 단결권 등을 인정하지 않는 것의 위헌성에 관한 주장으로서, **단결권 침해의 위헌성에 대한 주장과 실질적으로 같다**고 할 것이므로 **별도로 살펴보지 아니한다**(헌재 2018. 8. 30. 2015헌가38). 23 5급

17 🔍 ①

① 2회 출제 ✕ 《**출생등록 될 권리를 침해함**》 이는 헌법에 명시되지 아니한 **독자적 기본권**으로서, 자유로운 인격실현을 보장하는 **자유권적 성격**과 아동의 건강한 성장과 발달을 보장하는 **사회적 기본권**의 성격을 함께 지닌다. ⋯ 따라서 심판대상조항들은 입법형성권의 한계를 넘어서서 실효적으로 출생등록될 권리를 보장하고 있다고 볼 수 없으므로, 혼인 중 여자와 남편 아닌 남자 사이에서 출생한 자녀에 해당하는 **혼인 외 출생자**인 청구인들의 태어난 즉시 '**출생등록될 권리'를 침해한다**(헌재 2023. 3. 23. 2021헌마975). 23 경찰 2차

② ○ 국가에게 혼인과 가족생활의 보호자로서 **부모의 자녀양육을 지원할 헌법상 과제**가 부여되어 있다 하더라도, 그로부터 곧바로 헌법이 국가에게 **자녀를 양육하는 모든 병역의무 이행자들의 출퇴근 복무를 보장**하여 **자녀가 있는 대체복무요원들까지 합숙복무의 예외를 인정**하여야 할 **명시적인 입법의무**를 부여하였다고 할 수는 **없다**. 입법자는 병역의무자의 합숙의무에 관한 입법을 함에 있어 제도의 목적, 대상 병역의 복무형태와 수행업무 및 지위, 병역 인력운영 상황, 국민정서 등 제반 사정을 고려하여야 하므로, 병역의무자에 대한 출퇴근 허용 요건이나 허용 대상, 허용 기간 등을 어떻게 정할 것인지는 상당 부분 입법자의 재량에 맡겨져 있다고 보아야 한다(헌재 2024. 5. 30. 2021헌마117 등). 24 경찰 2차

③ [2회 출제] ○ 우선 헌법 제36조 제1항은 혼인과 가족을 보호해야 한다는 **국가의 일반적 과제**를 규정하였을 뿐, 청구인들의 주장과 같이 양육비 채권의 집행권원을 얻었음에도 양육비 채무자가 이를 이행하지 아니하는 경우 그 이행을 용이하게 확보하도록 하는 내용의 **구체적이고 명시적인 입법의무**를 부여하였다고 볼 수 **없다**. … 양육비 대지급제 등 양육비 이행의 실효성을 더 높이는 내용의 법률을 제정할 **헌법의 명시적인 입법위임**이 존재한다고 볼 수 없고, **헌법해석상** 기존의 양육비 이행을 확보하기 위하여 마련된 여러 입법 이외에 양육비 대지급제 등과 같은 구체적·개별적 사항에 대한 **입법의무가 새롭게 발생된다고도 볼 수 없으므로**, 이 사건 심판청구는 헌법소원의 대상이 될 수 없는 진정입법부작위를 심판대상으로 한 것으로서 **부적법**하다(헌재 2021. 12. 23. 2019헌마168). 24 경간

④ [3회 출제] ○ 한편, 이미 위에서 본 것처럼 독신자 가정은 기혼자 가정에 비하여 양자의 양육에 있어 불리할 가능성이 높다. 또한 **독신자를 양친으로 하면 처음부터 편친가정**을 이루게 하고 사실상 혼인 외 자를 만드는 결과가 발생하므로, 편친가정에 대한 사회적 편견 내지 불안감으로 인하여 **양자의 양육에 부정적인 영향**이 미칠 수 있다. 이처럼 친양자의 양친을 기혼자로 한정하면 양자가 사회적 편견으로부터 벗어나 더 나은 양육환경에서 성장할 수 있게 되므로 양자의 복리가 증진될 가능성이 높아진다. 따라서 **독신자를 친양자의 양친에서 제외**하는 것은 친양자제도의 입법목적을 달성하기 위한 적절한 수단이라 할 것이다. … 결국 심판대상조항은 과잉금지원칙에 위반하여 **독신자의 가족생활의 자유를 침해한다고 볼 수 없다**(헌재 2013. 9. 26. 2011헌가42). 23 경정

18 ①

① [2회 출제] ○ 이 사건에 있어서 청구인의 변호인 김선수가 1994. 3. 22. 국가보안법위반죄로 구속기소된 청구인의 변론준비를 위하여 피청구인인 검사에게 그가 보관중인 수사기록일체에 대한 열람·등사신청을 하였으나 같은 달 26. 피청구인은 국가기밀의 누설이나 증거인멸, 증인협박, 사생활침해의 우려 등 정당한 사유를 밝히지 아니한 채 이를 **전부 거부**한 것은 청구인의 **신속·공정한 재판을 받을 권리와 변호인의 조력을 받을 권리를 침해**하는 것으로 헌법에 위반된다 할 것이다(헌재 1997. 11. 27. 94헌마60). 23 법원 9

② [2회 출제] ✕ 《공정한 재판을 받을 권리 침해 ✕》 이 사건 법률조항들은 특정범죄에 관한 형사절차에서 국민이 안심하고 자발적으로 협조할 수 있도록 그 범죄신고자 등을 실질적으로 보호함으로써 피해자의 진술을 제약하는 요소를 제거하고 이를 통해 범죄로부터 사회를 방위함에 이바지함과 아울러 **실체적 진실의 발견을 용이하게 하기 위한 것**으로서, 그 목적의 정당성 및 수단의 적합성이 인정되며, … **공정한 재판을 받을 권리를 침해한다고 할 수 없다**(헌재 2010. 11. 25. 2009헌바57). 22 경찰 1차

③ [2회 출제] ✕ 《공정한 재판을 받을 권리 침해 아님》 심판대상조항은 피고인의 정식재판청구에 대한 불이익변경금지원칙 적용에 따른 문제점을 해소하면서 피고인의 정식재판청구권 행사를 보장하기 위해 도입된 것이다. 또한 형사소송법 제457조의2 제2항은 피고인이 정식재판을 청구한 사건에 대하여 **약식명령의 형과 동종의 중한 형을 선고**하는 경우에는 판결서에 양형의 이유를 적도록 함으로써 법관으로 하여금 양형 판단 시 신중을 기하도록 하고 있다. 이는 피고인의 정식재판청구권 행사가 위축되는 것을 최소화하면서 동시에 피고인이 정식재판청구권 행사를 남용하는 것을 방지하여 사법의 효율성을 도모한 것으로, 심판대상조항이 약식명령에 대하여 피고인만이 정식재판을 청구한 사건에 불이익변경금지원칙을 적용하지 아니하였다는 이유만으로 재판청구권에 관한 합리적인 입법형성권의 범위를 일탈하여 **공정한 재판을 받을 권리를 침해한다고 볼 수 없다**(헌재 2024. 5. 30. 2021헌바6 등). 24 경찰 2차

④ [3회 출제] ✕ 《공정한 재판을 받을 권리 침해 ✕》 이 사건과 같이 **상속재산분할에 관한 다툼**이 발생한 경우 이를 **가사소송 또는 민사소송 절차**에 의하도록 할 것인지, 아니면 **가사비송 절차**에 의하도록 할 것인지 등을 정하는 것은 원칙적으로 입법자가 소송법의 체계, 소송대상물의 성격, 분쟁의 일회적 해결 가능성 등을 고려하여 형성할 **정책적 문제**이다. … 따라서 가사비송 조항이 입법재량의 한계를 일탈하여 상속재산분할에 관한 사건을 제기하고자 하는 자의 **공정한 재판을 받을 권리를 침해한다고 볼 수 없다**(헌재 2017. 4. 27. 2015헌바24). 22 경정

19 ④

① [3회 출제] ✕ 《기본권 형성적 법률유보에 해당함》 재판절차진술권에 관한 헌법 제27조 제5항이 정한 법률유보는 법률에 의한 기본권의 제한을 목적으로 하는 **자유권적 기본권에 대한 법률유보**의 경우와는 달리 **기본권으로서의 재판절차진술권을 보장하고 있는 헌법규범의 의미와 내용을 법률로써 구체화**하기 위한 이른바 **기본권 형성적 법률유보에 해당한다**(헌재 1993. 3. 11. 92헌마48). 14 국회 8

② [2회 출제] ✕ 《주체가 될 수 있음》 형사피해자의 개념은 헌법이 형사피해자의 재판절차진술권을 독립된 기본권으로 인정한 취지에 비추어 넓게 해석할 것으로 반드시 형사실체법상의 보호법익을 기준으로 한 피해자 개념에 의존하여 결정하여야 할 필요는 없다. 다시 말하여 형사실체법상으로는 **직접적인 보호법익의 주체로 해석되지 않는** 자라 하여도 문제되는 범죄 때문에 **법률상 불이익을 받게 되는 자**라면 헌법상 **형사피해자의 재판절차진술권의 주체**가 될 수 있고 따라서 검사의 불기소처분에 대하여 헌법소원심판을 청구할 수 있는 청구인 적격을 가진다고 할 것이다(헌재 1992. 2. 25. 90헌마91). 16 경정, 14 국가 7

③ [2회 출제] ✕ 《모두 침해 ✕》 (1) 약식명령은 경미하고 간이한 사건을 대상으로 하기 때문에, 대부분 범죄사실에 다툼이 없는 경우가 많고, 형사피해자도 이미 범죄사실을 충분히 인지하고 있어, 범죄사실에 대한 별도의 확인 없이도 얼마든지 법원이나 수사기관에 의견을

제출할 수 있으며, 직접 범죄사실의 확인을 원하는 경우에는 소송기록의 열람·등사를 신청하는 것도 가능하므로, **형사피해자가 약식명령을 고지받지 못한다**고 하여 형사재판절차에서의 참여기회가 완전히 봉쇄되어 있다고 볼 수 없다. 따라서 이 사건 **고지조항**은 형사피해자의 **재판절차진술권을 침해하지 않는다**(헌재 2019. 9. 26. 2018헌마1015).

(2) 형사피해자에게 정식재판청구권을 인정하게 된다면 공공의 이익을 위하여 실현되어야 할 형벌권을 형사피해자의 사적 응보관념에 의존하게 만들어 형벌의 목적에 부합하지 않을 뿐만 아니라, 남소로 인한 법원의 업무량 폭증으로 본래 약식절차를 도입함으로써 달성하고자 하였던 신속한 재판과 사법자원의 효율적인 배분을 통한 국민의 재판청구권 보장이라는 목적을 저해할 위험도 있다. … 따라서 이 사건 **정식재판청구조항**은 형사피해자의 **재판절차진술권을 침해하지 않는다**(헌재 2019. 9. 26. 2018헌마1015).　　21 국가 7

④ 3회 출제 ○ 입법자가 행정심판을 전심절차가 아니라 종심절차로 규정함으로써 정식재판의 기회를 배제하거나, 어떤 행정심판을 **필요적 전심절차**로 규정하면서도 그 절차에 **사법절차가 준용되지 않는다**면 이는 **헌법 제107조 제3항**, 나아가 재판청구권을 보장하고 있는 **헌법 제27조에도 위반된다** 할 것이다. 반면 어떤 행정심판절차에 **사법절차가 준용되지 않는다** 하더라도 **임의적 전치제도로 규정함에 그치고 있다면 위 헌법조항에 위반된다 할 수 없다.** 그러한 행정심판을 거치지 아니하고 곧바로 행정소송을 제기할 수 있는 선택권이 보장되어 있기 때문이다(헌재 2001. 6. 28. 2000헌바30).　　19 국회 9

20　🔑 ②

㉠ ○　　22 경정

> **범죄피해자 보호법 제21조(손해배상과의 관계)** ① 국가는 구조피해자나 유족이 해당 **구조대상 범죄피해**를 원인으로 하여 **손해배상**을 받았으면 **그 범위에서 구조금을 지급하지 아니한다.**

㉡ ○　위 법률조항은 제척기간을 범죄피해가 발생한 날부터 5년으로 정하고 있는바, 오늘날 현대사회에서 인터넷의 보급 등 교통·통신수단이 상대적으로 매우 발달하여 여러 정보에 대한 접근이 용이해진 점과 일반 국민의 권리의식이 신장된 점 등에 비추어 보면, 그 **5년이라는 기간**이 지나치게 단기라든지 불합리하여 범죄피해자의 구조청구권 행사를 **현저히** 곤란하게 하거나 **사실상 불가능**하게 하는 것으로는 **볼 수 없다.** 비록 범죄피해자 보호법 제25조가 그 신청기간을 범죄피해발생일부터 10년으로 확장하였지만, 이 역시 입법재량의 범위 내라고 할 수 있을 뿐이고, **종래 그 기간을 5년으로 정한 것 자체가 불합리하다고 보기는 어렵다고 할 것이다**(헌재 2011. 12. 29. 2009헌마354).　　25 경간

㉢ 4회 출제 × 《범죄피해 발생을 안 날 × → 구조결정이 신청인에게 송달된 날 ○》　　24 경간

> **범죄피해자 보호법 제31조(소멸시효)** 구조금을 받을 권리는 그 구조결정이 해당 신청인에게 송달된 날부터 **2년간** 행사하지 아니하면 **시효로 인하여 소멸**된다.

㉣ × 《2분의 1 상당액에 한하여 × → 전부 불가》　　18 경정

> **범죄피해자 보호법 제32조(구조금 수급권의 보호)** 구조금을 받을 권리는 **양도**하거나 **담보로 제공**하거나 **압류**할 수 **없다.**

제3회 경찰헌법 봉투모의고사

정답 모아보기

01 ①	02 ②	03 ①	04 ②	05 ④
06 ③	07 ①	08 ④	09 ④	10 ④
11 ②	12 ①	13 ②	14 ③	15 ①
16 ②	17 ②	18 ③	19 ③	20 ③

01 ①

㉠ ○ 우리 정부가 직접 일본군위안부 피해자들의 기본권을 침해하는 행위를 한 것은 아니지만, 위 피해자들의 **일본에 대한 배상청구권의 실현** 및 **인간으로서의 존엄과 가치의 회복**을 하는 데 있어서 현재의 장애상태가 초래된 것은 우리 정부가 청구권의 내용을 명확히 하지 않고 '모든 청구권'이라는 포괄적 개념을 사용하여 이 사건 협정을 체결한 것에도 책임이 있다는 점에 주목한다면, 피청구인에게 그 장애상태를 제거하는 행위로 나아가야 할 **구체적 작위의무가 있음을 부인하기 어렵다**(헌재 2011. 8. 30. 2006헌마788). 19 서울 7

㉡ [2회 출제] ○ 헌법 전문에서 '대한민국은 3·1운동으로 건립된 대한민국임시정부의 법통을 계승하(였다)'라고 규정되어 있지만, 위 내용만으로 국가가 독립유공자의 후손인 청구인에게 일본제국주의의 각종 통치기구 등으로부터 수탈당한 청구인 조상들의 강릉 일대의 **특정 토지에 관하여 보상**을 해주어야 할 **작위의무**가 헌법에서 유래하는 작위의무로 특별히 **구체적으로 규정**되어 있다거나 **해석상 도출된다고 볼 수 없다**(헌재 2019. 7. 2. 2019헌마647). 25 경간

㉢ [2회 출제] × 《위반 X》 사할린 지역 강제동원 희생자의 범위를 1990. 9. 30.까지 사망 또는 행방불명된 사람으로 제한하고, **대한민국 국적을 갖고 있지 않은 유족을 위로금 지급대상에서 제외한 것은** 합리적 이유가 있어 입법재량의 범위를 벗어난 것으로 볼 수 없으므로, 심판대상조항이 '정의·인도와 동포애로써 민족의 단결을 공고히' 할 것을 규정한 **헌법 전문의 정신에 위반된다고 볼 수 없다**(헌재 2015. 12. 23. 2013헌바11). 22 변호사

㉣ [3회 출제] × 《개별적 기본권성 도출 어려움》 **통일정신, 국민주권원리** 등은 우리나라 헌법의 연혁적·이념적 기초로서 **헌법이나 법률해석에서의 해석기준**으로 작용한다고 할 수 있지만 그에 기하여 곧바로 **국민의 개별적 기본권성을 도출**해내기는 **어려우며**, 헌법전문에 기재된 대한민국 임시정부의 법통을 계승하는 부분에 위배된다는 점이 청구인들의 법적지위에 현실적이고 구체적인 영향을 미친다고 볼 수도 없다(헌재 2008. 11. 27. 2008헌마517). 21 입시

02 ②

㉠ [2회 출제] ○ 이 사건 정지조항을 통하여 기존의 연금수급자들에 대한 퇴역연금의 지급을 정지함으로써 달성하려는 공익은 군인연금 재정의 악화를 개선하여 이를 유지·존속하려는 데에 있는 것으로, 그와 같은 공익적인 가치는 매우 크다 하지 않을 수 없다. … 그렇다면 보호해야 할 연금수급자의 신뢰의 가치는 그리 크지 않은 반면, 군인연금 재정의 파탄을 막고 **군인연금제도를 건실하게 유지하려는 공익적 가치**는 긴급하고 또한 중요한 것이므로, 이 사건 정지조항이 헌법상 **신뢰보호의 원칙에 위반된다고 할 수 없다**(헌재 2007. 10. 25. 2005헌바68). 20 경정, 18 지방 7

㉡ [7회 출제] × 《신뢰보호원칙 위배 X》 수형자가 형법에 규정된 형 집행경과기간 요건을 갖춘 것만으로 가석방을 요구할 권리를 취득하는 것은 아니므로, 10년간 수용되어 있으면 가석방 적격심사 대상자로 선정될 수 있었던 구 형법 제72조 제1항에 대한 청구인의 신뢰를 **헌법상 권리로 보호할 필요성이 있다고 할 수 없다.** … 그렇다면 죄질이 더 무거운 무기징역형을 선고받은 수형자를 가석방할 수 있는 형 집행 경과기간이 개정 형법 시행 후에 유기징역형을 선고받은 수형자의 경우와 같거나 오히려 더 짧게 되는 불합리한 결과를 방지하고, 사회를 방위하기 위한 이 사건 부칙조항이 **신뢰보호원칙에 위배되어 청구인의 신체의 자유를 침해한다고 볼 수 없다**(헌재 2013. 8. 29. 2011헌마408). 22 경정

㉢ ○ 제2심판대상조항은 대처능력이 현저히 미약하여 범행대상이 되기 쉽고 범행에 따른 피해의 정도도 더 큰 13세 미만의 사람에 대한 강제추행 등 죄질이 매우 나쁜 성폭력범죄에 대해서는 가해자가 살아있는 한 처벌할 수 있도록 하고, 미성년자에 대한 성폭력범죄에 대해서도 그 특수성을 고려하여 피해자인 미성년자가 성년이 되었을 때부터 공소시효를 진행하게 하는 조항을 그 시행 전에 이루어진 사건에도 적용하여 형사처벌의 가능성을 연장함으로써, 그 범죄로 인해 훼손된 불법적인 상태를 바로잡아 실체적 정의를 실현하는 것을 그 목적으로 한다. 제2심판대상조항이 형사소송법의 공소시효에 관한 조항의 적용을 배제하고 새롭게 규정된 조항을 적용하도록 하였다고 하더라도, 이로 인하여 제한되는 **성폭력 가해자의 신뢰이익이 공익에 우선하여 특별히 헌법적으로 보호해야 할 가치나 필요성이 있다고 보기 어렵다.** 따라서 제2심판대상조항은 **신뢰보호원칙에 반한다고 할 수 없다**(헌재 2021. 6. 24. 2018헌바457). 23 경간

㉣ [3회 출제] × 《신뢰보호원칙 위반 X》 이 사건 법률조항은 일정한 직업과 행위를 금지하거나 제한하는 것일 뿐, 이러한 직업활동의 수행이나 행위로 인하여 얻은 구체적인 재산에 대한 사용·수익 및 처분권한을 제한하는 것은 결코 아니라고 할 것이고, 청구인들이 비록 세무당국에 사업자등록을 하고 운전교습업에 종사하였다고 하더라도, 사업자등록은 과세행정상의 편의를 위하여 납세자의 인적사항 등을 공부에 등재하는 행위에 불과하므로 **운전교습업의 계속에 대하여 국가가 신뢰를 부여하였다고 보기도 어렵다.** … 따라서 신뢰보호의 전제가 되는 선행하는 법적 상태에 대한 신뢰 자체를 인정할 수 없는 이 사건에 있어 신뢰보호원칙에 위배하여 청구인들의 재산권과 직업의 자유를 침해하였다는 청구인들의 주장 역시, **더 나아가 살필 필요도 없이 이유없다**(헌재 2003. 9. 25. 2001헌마447 등). 15 경정

03   ①

① ○ 지역구국회의원선거와 지방자치단체의 장선거는 헌법상 선거제도 규정 방식이나 선거대상의 지위와 성격, 기관의 직무 및 기능, 선거구 수 등에 있어 차이가 있을 뿐, 예비후보자의 무분별한 난립을 막고 책임성을 강화하며 그 성실성을 담보하고자 하는 기탁금제도의 취지 측면에서는 동일하므로, 헌법재판소의 2016헌마541 결정에서의 판단은 이 사건에서도 타당하고, 그 견해를 변경할 사정이 있다고 보기 어려우므로, 지방자치단체의 장선거에 있어 정당의 공천심사에서 탈락한 후 후보자등록을 하지 않은 경우를 기탁금 반환 사유로 규정하지 않은 심판대상조항은 과잉금지원칙에 반하여 헌법에 위반된다(헌재 2020. 9. 24. 2018헌가15 등). 23 경간

② 2회 출제 × 《100분의 15 이상 득표》 18 법원 9

> **공직선거법 제57조(기탁금의 반환 등)** ① 관할선거구선거관리위원회는 다음 각 호의 구분에 따른 금액을 선거일 후 30일 이내에 기탁자에게 반환한다. 이 경우 반환하지 아니하는 기탁금은 국가 또는 지방자치단체에 귀속한다.
> 1. 대통령선거, 지역구국회의원선거, 지역구지방의회의원선거 및 지방자치단체의 장 선거
>   가. 후보자가 당선되거나 사망한 경우와 유효투표총수의 100분의 15 이상을 득표한 경우에는 기탁금 전액
>   나. 후보자가 유효투표총수의 100분의 10 이상 100분의 15 미만을 득표한 경우에는 기탁금의 100분의 50에 해당하는 금액

③ 2회 출제 × 《선거구에 관한 입법 여부에 대한 입법형성의 자유 X》 구 선거구구역표는 이 사건 헌법불합치결정에서 정한 입법개선시한인 2015. 12. 31.까지는 효력이 지속되다가, 피청구인이 위 입법개선시한까지 입법개선의무를 이행하지 아니함으로 인하여 2016. 1. 1.부터 그 효력을 상실하였다. … 입법자가 국회의원선거에 관한 사항을 법률로 규정함에 있어서 폭넓은 입법형성의 자유를 가진다고 하여도, 선거구에 관한 입법을 할 것인지 여부에 대해서는 입법자에게 어떤 형성의 자유가 존재한다고 할 수 없으므로, 피청구인에게는 국회의원의 선거구를 입법할 명시적인 헌법상 입법의무가 존재한다 할 것이다(헌재 2016. 4. 28. 2015헌마1177 등). 17 국회 9

④ 4회 출제 × 《2차적 요소 고려 필요》 선거구 획정에 있어서 인구비례의 원칙에 의한 투표가치의 평등은 헌법적 요청으로서 다른 요소에 비하여 기본적이고 일차적인 기준이므로, 입법자로서는 인구편차의 허용한계를 최대한 엄격하게 설정함으로써 투표가치의 평등을 관철하기 위한 최대한의 노력을 기울여야 한다. … 자치구·시·군의원 선거구 획정에 있어서는 행정구역 내지 지역대표성 등 2차적 요소도 인구비례의 원칙에 못지않게 함께 고려해야 할 필요성이 크다(헌재 2018. 6. 28. 2014헌마166). 25 경간

04   ②

① 3회 출제 × 《부당한 박탈 포함》 헌법 제25조는 "모든 국민은 법률이 정하는 바에 의하여 공무담임권을 가진다."고 하여 공무담임권을 기본권으로 보장하고 있다. 공무담임권이란 입법부, 집행부, 사법부는 물론 지방자치단체 등 국가, 공공단체의 구성원으로서 그 직무를 담당할 수 있는 권리를 말한다. 여기서 직무를 담당한다는 것은 모든 국민이 현실적으로 그 직무를 담당할 수 있다고 하는 의미가 아니라, 국민이 공무담임에 관한 자의적이지 않고 평등한 기회를 보장받음을 의미하는바, 공무담임권의 보호영역에는 공직취임의 기회의 자의적인 배제 뿐 아니라, 공무원 신분의 부당한 박탈까지 포함되는 것이라고 할 것이다(헌재 2003. 10. 30. 2002헌마684 등). 11 법원 9

② 2회 출제 ○ 공무담임권의 보호영역에는 일반적으로 공직취임의 기회보장, 신분박탈, 직무의 정지가 포함되는 것일 뿐, 여기서 더 나아가 공무원이 특정의 장소에서 근무하는 것 또는 특정의 보직을 받아 근무하는 것을 포함하는 일종의 '공무수행의 자유'까지 그 보호영역에 포함된다고 보기는 어렵다. 따라서 이 사건 법률조항이 특정직 공무원으로서 군무원인 청구인들의 공무담임권을 제한하는 것은 아니다(헌재 2008. 6. 26. 2005헌마1275). 19 국회 8

③ 5회 출제 × 《공무수행의 자유 포함 X》 헌법 제25조의 공무담임권의 보호영역에는 일반적으로 공직취임의 기회보장, 신분박탈, 직무의 정지에 관련된 사항이 포함되지만, 특별한 사정도 없이 공무원이 특정의 장소에서 근무하는 것이나 특정의 보직을 받아 근무하는 것을 포함하는 일종의 '공무수행의 자유'까지 포함된다고 보기 어렵다(헌재 2014. 1. 28. 2011헌마239). 21 지방 7

④ 3회 출제 × 《사회국가원리가 능력주의원칙 예외로 작용 가능》 헌법의 기본원리나 특정조항에 비추어 능력주의원칙에 대한 예외를 인정할 수 있는 경우가 있다. 그러한 헌법원리로는 우리 헌법의 기본원리인 사회국가원리를 들 수 있고, 헌법조항으로는 여자·연소자근로의 보호, 국가유공자·상이군경 및 전몰군경의 유가족에 대한 우선적 근로기회의 보장을 규정하고 있는 헌법 제32조 제4항 내지 제6항, 여자·노인·신체장애자 등에 대한 사회보장의무를 규정하고 있는 헌법 제34조 제2항 내지 제5항 등을 들 수 있다. 이와 같은 헌법적 요청이 있는 경우에는 합리적 범위안에서 능력주의가 제한될 수 있다(헌재 1999. 12. 23. 98헌마363). 16 변호사

05   ④

㉠ 2회 출제 × 《태아의 생명보호의무 있음》 모든 인간은 헌법상 생명권의 주체가 되며, 형성 중의 생명인 태아에게도 생명에 대한 권리가 인정되어야 한다. 태아가 비록 그 생명의 유지를 위하여 모(母)에게 의존해야 하지만, 그 자체로 모(母)와 별개의 생명체이고, 특별한 사정이 없는 한, 인간으로 성장할 가능성이 크기 때문이다. 따라서 태아도 헌법상 생명권의 주체가 되며, 국가는 헌법 제10조 제2문에 따라 태아의 생명을 보호할 의무가 있다(헌재 2019. 4. 11. 2017헌바127). 20 입시

㉡ 5회 출제 × 《국민의 권리 X, 인간의 권리 O / 제한적으로 인정》 직업의 자유 중 이 사건에서 문제되는 직장 선택의 자유는 인간의 존엄과 가치 및 행복추구권과도 밀접한 관련을 가지는 만큼 단순히 국민의 권리가 아닌 인간의 권리로 보아야 할 것이므로 외국인도 제한적으로라도 직장 선택의 자유를 향유할 수 있다고 보아야 한다(헌재 2011. 9. 29. 2007헌마1083 등). 23 해간, 19 경정, 18 경정

㉢ 2회 출제 × 《근로의 권리: 사회적 + 자유권적 기본권, 최소한의 근로조건을 요구할 수 있는 권리 인정》 근로의 권리의 구체적인 내용에 따라, 국가에 대하여 고용증진을 위한 사회적·경제적 정책을 요구할 수 있는 권리는 사회권적 기본권으로서 국민에 대하여만 인정해

야 하지만, 자본주의 경제질서하에서 근로자가 기본적 생활수단을 확보하고 인간의 존엄성을 보장받기 위하여 **최소한의 근로조건을 요구할 수 있는 권리**는 **자유권적 기본권의 성격**도 아울러 가지므로 이러한 경우 **외국인 근로자**에게도 그 **기본권 주체성을 인정**함이 타당하다(헌재 2007. 8. 30. 2004헌마670).　　　　　　　15 국회 9

② 2회 출제 × 《**제약요소로 작용함**》 **축협중앙회**는 공법인성과 사법인성을 겸유한 특수한 법인으로서 이 사건에서 **기본권의 주체**가 될 수 있다고는 할 것이지만, 위와 같이 두드러진 **공법인적 특성이 축협중앙회**가 가지는 **기본권의 제약요소로 작용**하는 것만은 이를 피할 수 없다고 할 것이다(헌재 2000. 6. 1. 99헌마553).　　　24 경간

06　　　　　　　　　　　　　　　　　　🔍 ③

① × 《**계약의 자유 침해 아님**》 '금전'의 경우 일반적인 재화의 교환수단으로서 그 목적물이 특정되지 아니하므로 현실적으로 '당초 증여받은 금전'과 '반환하는 금전'의 동일성을 확인할 방법이 없어, 금전을 비과세대상에 포함시킬 경우 증여세 회피 우려가 높기 때문에 심판대상조항은 증여세 회피기도를 차단하고 과세행정의 능률을 제고하기 위한 것으로서 그 입법목적의 정당성이 인정되며, 증여의 합의해제에 따른 증여세 비과세대상에서 금전을 일률적으로 제외하는 것은 위와 같은 입법목적 달성에 기여하므로 수단의 적절성도 인정된다. … 나아가 금전증여의 경우 합의해제가 행해지는 통상의 동기가 조세회피 내지 편법적 절세에 있는 이상, 보호하여야 할 사적 자치의 이익이 크다고 할 수 없어 법익의 균형성도 충족되므로 심판대상조항은 과잉금지원칙에 위배되어 **수증자의 계약의 자유 및 재산권을 침해한다고 할 수 없다**(헌재 2015. 12. 23. 2013헌바117).　22 법원 9

② 2회 출제 × 《**계약의 자유 침해**》 이 사건 법률조항은 제정 당시에 비해 현저히 변화된 현재의 사회경제적 현상을 제대로 반영하지 못하는 데 그치는 것이 아니라, 당사자가 20년이 넘는 임대차를 원할 경우 우회적인 방법을 취할 수밖에 없게 함으로써 사적 자치에 의한 자율적 거래관계 형성을 왜곡하고 있다. … 이 사건 법률조항은 입법취지가 불명확하고, 사회경제적 효율성 측면에서 일정한 목적의 정당성이 인정된다 하더라도 과잉금지원칙을 위반하여 **계약의 자유를 침해한다**(헌재 2013. 12. 26. 2011헌바234).　　24 법무사

③ ○ **계약의 자유**는 계약을 체결할 것인지의 여부, 체결한다면 **어떠한 내용**의 계약을, **어떠한 상대방**과의 관계에서, **어떠한 방식**으로 체결하느냐 하는 것도 당사자 자신이 **자기의사로 결정하는 자유**뿐만 아니라 **원치 않으면 계약을 체결하지 않을 자유**, 즉 원치 않는 계약의 체결은 법이나 국가에 의하여 **강제 받지 않을 자유**이다(헌재 2021. 10. 28. 2019헌마288).　　　　　　22 법원 9

④ 2회 출제 × 《**계약의 자유 침해 아님**》 **지원금 상한 조항**은 계약 당사자인 이동통신사업자 등과 이용자인 청구인들이 이동통신단말장치를 구입하고 이동통신서비스 이용에 관한 계약을 체결함에 있어 자유로운 의사에 따라 지원금 지급의 조건이나 액수와 같은 계약의 구체적인 내용을 정할 수 있는 **계약의 자유를 제한**한다. … 지원금 상한 조항은 이동통신단말장치의 공정하고 투명한 유통질서를 확립하여 이동통신 산업의 건전한 발전과 이용자의 권익을 보호하기 위한 것으로 이러한 입법목적에는 정당성이 인정되며, 이동통신단말장치 구매 지원금 상한제는 이러한 목적을 달성하기 위한 적절한 수단이다. … **지원금 상한 조항은 청구인들의 계약의 자유를 침해하지 아니한다**(헌재 2017. 5. 25. 2014헌마844).　　18 국회 8

07　　　　　　　　　　　　　　　　　　🔍 ①

① ○ 공무원이 지위를 이용하여 범한 공직선거법위반죄의 경우 선거의 공정성을 중대하게 저해하고 공권력에 의하여 조직적으로 은폐되어 단기간에 밝혀지기 어려울 수도 있어 단기 공소시효에 의할 경우 처벌규정의 실효성을 확보하지 못할 수 있다. 이러한 취지에서 **공무원이 지위를 이용하여 범한 공직선거법위반죄의 경우 해당 선거일 후 10년으로 공소시효를 정한 입법자의 판단은 합리적인 이유가 인정되므로 평등원칙에 위반되지 않는다**(헌재 2022. 8. 31. 2018헌바440).　　23 법무사

② × 《**평등권 침해 아님**》 대립 당사자 간에 발생한 법률적 분쟁에 관하여 사실관계를 확정한 후 법을 해석·적용함으로써 분쟁을 해결한다는 절차적 측면에서 **민사소송과 행정소송은 유사**하다. 재심기간제한조항이 민사소송과 동일하게 재심제기기간을 30일로 정한 것이 **행정소송 당사자의 평등권을 침해하지 않는다**(헌재 2023. 9. 26. 2020헌바258).　　24 국회 8

③ 2회 출제 × 《**평등원칙 위반 ×**》 학교폭력에 대해 가해학생에게 내려진 조치는 피해학생에게도 중대한 영향을 미치는데, 가해학생은 자신에 대한 모든 조치에 대해 당사자로서 소송을 제기할 수 있지만, 피해학생은 그 조치의 당사자가 아니므로 결과에 불만이 있더라도 소송을 통한 권리 구제를 도모할 수 없다. 따라서 **가해학생에 대한 모든 조치에 대해 피해학생 측에는 재심을 허용**하면서, **소송으로 다툴 수 있는 가해학생 측에는 퇴학과 전학의 경우에만 재심을 허용하고 나머지 조치에 대해서는 재심을 허용하지 않더라도 가해학생과 그 보호자의 평등권을 침해한다고 볼 수 없다**(헌재 2013. 10. 24. 2012헌마832).　　18 국회 8

④ × 《**합리적 이유가 없음**》 구 병역법 등의 규정에 의하면 의사·치과의사 등의 자격이 있는 사람이 병적에 편입되어 공중보건의사와 군의관 중 어떠한 형태로 복무할 것인지는 본인의 의사가 아니라 국방부장관에 의하여 결정되는 점, 군의관과 공중보건의사는 모두 병역의무 이행의 일환으로 의료분야의 역무를 수행한 점, 공중보건의사는 접적지역, 도서, 벽지 등 의료취약지역에서 복무하면서 그 지역 안에서 거주하여야 하고 그 복무에 관하여 국가의 강력한 통제를 받았던 점 등을 종합하면, 1991년 개정 농어촌의료법 시행 전에 **공중보건의사로 복무하였던 사람**이 사립학교 교직원으로 임용되었을 경우 **현역병 등과 달리 공중보건의사 복무기간을 재직기간에 반영하도록 규정하지 아니한 것은 차별취급에 합리적인 이유가 없다.** 따라서 심판대상조항은 **평등원칙에 위배**된다(헌재 2016. 2. 25. 2015헌가15).　　24 경간

08　　　　　　　　　　　　　　　　　　🔍 ④

① 2회 출제 ○ 우리 헌법이 규정한 **형벌불소급의 원칙**은 형사소추가 "**언제부터 어떠한 조건하에서**" 가능한가의 문제에 관한 것이고, "**얼마동안**" 가능한가의 문제에 관한 것은 **아니다.** 다시 말하면 헌법의

규정은 "행위의 가벌성"에 관한 것이기 때문에 소추가능성에만 연관될 뿐, 가벌성에는 영향을 미치지 않는 공소시효에 관한 규정은 원칙적으로 그 효력범위에 포함되지 않는다(헌재 1996. 2. 16. 96헌가2 등).
_{23 경간}

② [2회 출제] ○ 이 사건 부칙조항은 개정 전 법률로는 전자장치 부착명령의 대상자에 포함되지 아니한 성폭력범죄자의 재범에 효과적으로 대처할 만한 수단이 없다는 우려 아래 대상자의 범위를 징역형 등의 집행 중인 사람 내지 징역형 등의 집행이 종료된 뒤 3년이 경과되지 아니한 사람에게까지 확대한 것으로서, 성폭력범죄의 재범을 방지하고 성폭력범죄로부터 국민을 보호하고자 하는 목적의 정당성이 인정된다. … 따라서 이 사건 부칙조항은 **과잉금지원칙에 위배되지 아니한다**(헌재 2012. 12. 27. 2010헌가82 등).
_{23 해간}

③ [2회 출제] ○ **가정폭력범죄의 처벌 등에 관한 특례법**이 정한 **보호처분 중의 하나인 사회봉사명령**은 가정폭력범죄를 범한 자에 대하여 환경의 조정과 성행의 교정을 목적으로 하는 것으로서 형벌 그 자체가 아니라 **보안처분**의 성격을 가지는 것이 사실이다. 그러나 한편으로 이는 가정폭력범죄행위에 대하여 **형사처벌 대신 부과되는 것**으로서, 가정폭력범죄를 범한 자에게 의무적 노동을 부과하고 여가시간을 박탈하여 **실질적으로는 신체적 자유를 제한**하게 되므로, 이에 대하여는 **원칙적으로 형벌불소급의 원칙에 따라 행위시법을 적용**함이 **상당하다**(대판 2008. 7. 24. 2008어4).
_{22 국회 9}

④ [3회 출제] × 《**형벌불소급원칙에 위배**》 노역장유치조항은 1억 원 이상의 벌금형을 선고받는 자에 대하여 유치기간의 하한을 중하게 변경시킨 것이므로, 이 조항 시행 전에 행한 범죄행위에 대해서는 범죄행위 당시에 존재하였던 법률을 적용하여야 한다. 그런데 부칙조항은 **노역장유치조항의 시행 전에 행해진 범죄행위에 대해서도 공소제기의 시기가 노역장유치조항의 시행 이후이면 이를 적용하도록 하고 있으므로, 이는 범죄행위 당시보다 불이익한 법률을 소급 적용하도록 하는 것으로서 헌법상 형벌불소급원칙에 위반**된다(헌재 2017. 10. 26. 2015헌바239 등).
_{24 경찰 1차}

09   ④

① [2회 출제] ○ 형사법상 책임원칙은 기본권의 최고이념인 인간의 존엄과 가치에 근거한 것으로, **형벌은 범행의 경중과 행위자의 책임 즉 형벌 사이에 비례성을 갖추어야 함을 의미한다**(헌재 2004. 12. 16. 2003헌가12).
_{10 법원 9}

② [2회 출제] ○ 특정한 범죄에 대한 형벌이 그 자체로서의 **책임과 형벌의 비례원칙에 위반되지 않더라도 보호법익과 죄질이 유사한 범죄에 대한 형벌과 비교할 때 현저히 불합리하거나 자의적이어서 형벌체계상의 균형을 상실한 것이 명백한 경우에는 평등원칙에 반하여 위헌**이라 할 수 있다. 그러나 **형벌체계에 있어서 법정형의 균형은 한 치의 오차도 없이 반드시 실현되어야 하는 헌법상 절대원칙은 아니다.** 법정형의 종류와 범위를 정함에 있어서 당해 범죄의 보호법익과 죄질뿐만 아니라 범죄예방을 위한 형사정책적 사정 등도 모두 고려되어야 하므로, 보호법익과 죄질이 다르면 법정형의 내용이 다를 수 있고, 형사정책적 고려가 다르면 또 그에 따라 법정형의 내용이 달라질 수밖에 없다(헌재 2021. 2. 25. 2019헌바58).
_{21 지방 7}

③ [4회 출제] ○ (1) 심판대상조항은 과거 위반 전력, 혈중알코올농도 수준 등에 비추어, 보호법익에 미치는 **위험 정도가 비교적 낮은 유형의 재범 음주운전행위**도 일률적으로 그 법정형의 하한인 2년 이상의 징역 또는 1천만 원 이상의 벌금을 기준으로 처벌하도록 하고 있어 **책임과 형벌 사이의 비례성을 인정하기 어렵다.** 따라서 심판대상조항은 **책임과 형벌 간의 비례원칙에 위반**된다(헌재 2021. 11. 25. 2019헌바446 등).

(2) 심판대상조항의 문언, 입법목적과 연혁, 관련 규정과의 관계 및 법원의 해석 등을 종합하여 볼 때, 심판대상조항에서 '제44조 제1항을 2회 이상 위반한 사람'이란 '2006. 6. 1. 이후 도로교통법 제44조 제1항을 위반하여 술에 취한 상태에서 운전을 하였던 사실이 인정되는 사람으로서, 다시 같은 조 제1항을 위반하여 술에 취한 상태에서 운전한 사람'을 의미함을 충분히 알 수 있으므로, 심판대상조항은 **죄형법정주의의 명확성원칙에 위반되지 아니한다**(헌재 2021. 11. 25. 2019헌바446 등).
_{22 국가 7}

④ [2회 출제] × 《**비례원칙에 위반됨**》 예비군대원 본인과 세대를 같이 하는 가족 중 성년자라면 특별한 사정이 없는 한 소집통지서를 본인에게 전달함으로써 훈련불참으로 인한 불이익을 받지 않도록 각별히 신경을 쓸 것임이 충분히 예상되고, 설령 그들이 소집통지서를 전달하지 아니하여 행정절차적 협력의무를 위반한다고 하여도 **과태료 등의 행정적 제재를 부과하는 것만으로도 그 목적의 달성이 충분히 가능하다고 할 것임에도 불구하고, 심판대상조항은 훨씬 더 중한 형사처벌을 하고 있어 그 자체만으로도 형벌의 보충성에 반하고, 책임에 비하여 처벌이 지나치게 과도하여 비례원칙에도 위반**된다고 할 것이다(헌재 2022. 5. 26. 2019헌가12).
_{24 경간}

10   ④

① [2회 출제] ○ 우리 헌법은 변호인의 조력을 받을 권리가 **불구속 피의자 · 피고인 모두에게 포괄적으로 인정되는지** 여부에 관하여 명시적으로 규율하고 있지는 않지만, **불구속 피의자의 경우에도 변호인의 조력을 받을 권리**는 우리 헌법에 나타난 법치국가원리, 적법절차원칙에서 인정되는 **당연한 내용**이고, 헌법 제12조 제4항도 이를 전제로 특히 신체구속을 당한 사람에 대하여 변호인의 조력을 받을 권리의 중요성을 강조하기 위하여 별도로 명시하고 있다(헌재 2004. 9. 23. 2000헌마138).
_{23 경찰 1차}

② [3회 출제] ○ **변호인의 조력을 받을 권리**는 **변호인과의 자유로운 접견교통권**에 그치지 아니하고 더 나아가 **변호인을 통하여 수사서류를 포함한 소송관계 서류를 열람 · 등사**하고 이에 대한 검토결과를 토대로 **공격과 방어의 준비**를 할 수 있는 권리도 포함된다고 보아야 할 것이므로 변호인의 수사기록 열람 · 등사에 대한 지나친 제한은 결국 피고인에게 보장된 변호인의 조력을 받을 권리를 침해하는 것이다(헌재 1997. 11. 27. 94헌마60).
_{23 해경}

③ [3회 출제] ○ 강력범죄 또는 조직폭력범죄의 수사와 재판에서 범죄 입증을 위해 증언한 자의 안전을 효과적으로 보장해 줄 수 있는 조치가 마련되어야 할 필요성은 매우 크고, 경우에 따라서는 증인이 피고인의 변호인과 대면하여 진술하는 것으로부터 보호할 필요성이 있을 수 있다. 피고인 등과 증인 사이에 차폐시설을 설치한 경우에도 피고인 및 변호인에게는 여전히 반대신문권이 보장되고, 증인신문과정에서 증언의 신빙성에 대한 최종 판단 권한을 가진 재판부가 증인의 진술태도를 충분히 관찰할 수 있으며, 형사소송법은 차폐시설을 설치하고 증인신문절차를 진행할 경우 피고인으로부터 의견을 듣도록 하

는 등 피고인이 받을 수 있는 불이익을 최소화하기 위한 장치를 마련하고 있다. 따라서 심판대상조항은 과잉금지원칙에 위배되어 청구인의 공정한 재판을 받을 권리 및 변호인의 조력을 받을 권리를 침해한다고 할 수 없다(헌재 2016. 12. 29. 2015헌바221). 21 국가 7

④ [4회 출제] × 《별건 사건 기록도 법원의 결정을 따라야 함》 형사소송법이 공소가 제기된 후의 피고인 또는 변호인의 수사서류 열람·등사권에 대하여 규정하면서 검사의 열람·등사 거부처분에 대하여 별도의 불복절차를 마련한 것은 신속하고 실효적인 권리구제를 통하여 피고인의 신속·공정한 재판을 받을 권리 및 변호인의 조력을 받을 권리를 보장하기 위함이다. 법원이 검사의 열람·등사 거부처분에 정당한 사유가 없다고 판단하고 그러한 거부처분이 피고인의 헌법상 기본권을 침해한다는 취지에서 수사서류의 열람·등사를 허용하도록 명한 이상, 법치국가와 권력분립의 원칙상 검사로서는 당연히 법원의 그러한 결정에 지체 없이 따라야 하며, 이는 별건으로 공소제기되어 확정된 관련 형사사건 기록에 관한 경우에도 마찬가지이다. 그렇다면 피청구인의 이 사건 거부행위는 청구인의 신속·공정한 재판을 받을 권리 및 변호인의 조력을 받을 권리를 침해한다(헌재 2022. 6. 30. 2019헌마356). 23 경찰 1차

것으로 볼 수 있고, 국방의 의무의 이행을 위하여 현역병으로 입영한 사람을 어디에 배치하여 어떠한 임무를 부여할 것인가의 문제나 대간첩작전을 수행하는 자의 소속이나 신분을 국방부 소속의 군인으로 할 것인가, 내무부 소속의 경찰로 할 것인가의 문제는 입법자가 국가의 안보상황 및 재정, 대간첩작전의 효율성 등 여러 가지 사정을 고려하여 합목적적으로 정할 사항이다. 따라서 위에서 본 바와 같은 입법목적과 필요성에 따라 대간첩작전의 수행을 임무로 하는 전투경찰순경을 현역병으로 입영하여 복무중인 군인에서 전임시켜 충원할 수 있도록 한 이 사건 법률조항들이 그 자체로서 청구인의 행복추구권 및 양심의 자유를 침해한 것이라고 볼 수 없다(헌재 1995. 12. 28. 91헌마80). 20 경정, 11 국가 7

11 🔑 ②

① [3회 출제] × 《양심의 자유 침해》 취업규칙에서 사용자가 사고나 비위행위 등을 저지른 근로자에게 시말서를 제출하도록 명령할 수 있다고 규정하는 경우, 그 시말서가 단순히 사건의 경위를 보고하는 데 그치지 않고 더 나아가 근로관계에서 발생한 사고 등에 관하여 '자신의 잘못을 반성하고 사죄한다는 내용'이 포함된 사죄문 또는 반성문을 의미하는 것이라면, 이는 헌법이 보장하는 내심의 윤리적 판단에 대한 강제로서 양심의 자유를 침해하는 것이므로, 그러한 취업규칙 규정은 헌법에 위배되어 근로기준법 제96조 제1항에 따라 효력이 없고, 그에 근거한 사용자의 시말서 제출명령은 업무상 정당한 명령으로 볼 수 없다(대판 2010. 1. 14. 2009두6605). 24 경정

② [3회 출제] ○ 양심의 자유는 내심에서 우러나오는 윤리적 확신과 이에 반하는 외부적 법질서의 요구가 서로 회피할 수 없는 상태로 충돌할 때에만 침해될 수 있다. 그러므로 당해 실정법이 특정한 행위를 금지하거나 명령하는 것이 아니라 단지 특별한 혜택을 부여하거나 권고 내지 허용하고 있는 데에 불과하다면, 수범자는 수혜를 스스로 포기하거나 권고를 거부함으로써 법질서와 충돌하지 아니한 채 자신의 양심을 유지, 보존할 수 있으므로 양심의 자유에 대한 침해가 된다 할 수 없다(헌재 2002. 4. 25. 98헌마425 등). 24 경간

③ [5회 출제] × 《양심의 자유와 인격권 침해 X》 서면사과 조치는 내용에 대한 강제 없이 자신의 행동에 대한 반성과 사과의 기회를 제공하는 교육적 조치로 마련된 것이고, 가해학생에게 의견진술 등 적정한 절차적 기회를 제공한 뒤에 학교폭력 사실이 인정되는 것을 전제로 내려지는 조치이며, 이를 불이행하더라도 추가적인 조치나 불이익이 없다. 또한 이러한 서면사과의 교육적 효과는 가해학생에 대한 주의나 경고 또는 권고적인 조치만으로는 달성하기 어렵다. … 따라서 이 사건 서면사과조항이 가해학생의 양심의 자유와 인격권을 과도하게 침해한다고 보기 어렵다(헌재 2023. 2. 23. 2019헌바93 등). 23 경채

④ [3회 출제] × 《양심의 자유 침해 X》 전투경찰순경으로서 대간첩작전을 수행하는 것도 위와 같이 넓은 의미의 국방의 의무를 수행하는

12 🔑 ①

① [2회 출제] ○ 종교 의식 내지 종교적 행위와 밀접한 관련이 있는 시설의 설치와 운영은 종교의 자유를 보장하기 위한 전제에 해당되므로 종교적 행위의 자유에 포함된다고 할 것이다. … 따라서 종교단체가 종교적 행사를 위하여 종교집회장 내에 납골시설을 설치하여 운영하는 것은 종교행사의 자유와 관련된 것이라고 할 것이고, 그러한 납골시설의 설치를 금지하는 것은 종교행사의 자유를 제한하는 결과로 된다(헌재 2009. 7. 30. 2008헌가2). 16 법원 9

② [4회 출제] × 《종교의 자유 침해 X》 위와 같은 인가나 등록제는 국가가 국민의 교육을 받을 권리를 충실히 구현하기 위한 것이고, 종교교육을 학교나 학원 형태로 행하는 것에 대하여 방치할 경우 위에서 본 것과 같은 여러 사회적 폐해가 생길 수 있기 때문에 설립인가나 등록제로서 최소한으로 규제하는 것이므로, … 교육법 제85조 제1항과 학원법 제6조는 헌법 제37조 제2항에 위배하여 종교의 자유를 과잉 제한하는 것이라고 할 수 없다. 또한 종교내부의 목회자 양성기관을 금지하는 것은 아니며 학교나 학원 형태의 종교교육도 인가나 등록제로 운영함에 그치고 있는 것이므로 종교의 자유의 본질적 내용을 침해하는 것도 아니다(헌재 2000. 3. 30. 99헌바14). 17 경정, 15 법무사

③ [3회 출제] × 《인격권·법인 운영의 자유 X → 종교의 자유 침해에 대한 문제로 귀결》 심판대상조항에 의하여 신고의 대상이 되는 양로시설에 종교단체가 운영하는 양로시설을 제외하지 않는 것은 자유로운 양로시설 운영을 통한 선교의 자유, 즉 종교의 자유 제한의 문제를 불러온다. … 청구인은, 심판대상조항이 법인의 인격권 및 법인운영의 자유를 침해한다고 주장하나, 위에서 본 바와 같이 종교단체의 복지시설 운영은 종교의 자유의 영역이므로 종교의 자유를 침해하는지 여부에 대한 문제로 귀결된다(헌재 2016. 6. 30. 2015헌바46). 22 경찰 2차

④ [3회 출제] × 《종교의 자유 침해 아님》 심판대상조항은 양로시설에 입소한 노인들에게 편안하고 쾌적한 주거환경을 제공하도록 국가나 지방자치단체가 관리·감독을 하기 위한 것으로, 이러한 입법목적은 정당하고 신고의무를 위반한 경우 형사제재를 가하는 것은 양로시설 현황을 파악하고 감독하기 위한 것으로 수단의 적절성도 인정된다. 양로시설을 설치하고자 하는 경우 일정한 시설기준과 인력기준 등을 갖추어야 하나, 이는 노인들의 안전한 주거공간 보장을 위한 최소한의 기준에 불과하므로 신고의무 부과가 지나치다고 할 수 없다. 종교단체에서 구호활동의 일환으로 운영하는 양로시설이라고 하더라도 신고대상에서 제외하면 관리·감독의 사각지대가 발생할 수 있으며, 일정 규모 이상의 양로시설의 경우 안전사고나 인권침해 피해정도가

커질 수 있으므로, 예외를 인정함이 없이 신고의무를 부과할 필요가 있다. … 따라서 심판대상조항이 과잉금지원칙에 위배되어 **종교의 자유를 침해한다고 볼 수 없다**(헌재 2016. 6. 30. 2015헌바46). 23 변호사

13 ②

① [2회 출제] ○ 헌법 제21조 제4항은 "언론·출판은 타인의 명예나 권리 또는 공중도덕이나 사회윤리를 침해하여서는 아니 된다."고 규정하고 있는바, 이는 언론·출판의 자유에 따르는 책임과 의무를 강조하는 동시에 언론·출판의 자유에 대한 제한의 요건을 명시한 규정으로 볼 것이고, 헌법상 표현의 자유의 보호영역 한계를 설정한 것이라고는 볼 수 없다. 따라서 **음란표현도 헌법 제21조가 규정하는 언론·출판의 자유의 보호영역에는 해당하되**, 다만 헌법 제37조 제2항에 따라 국가 안전보장·질서유지 또는 공공복리를 위하여 **제한할 수 있는 것**이라고 해석하여야 할 것이다(헌재 2009. 5. 28. 2006헌바109 등). 17 국가7(추)

② [3회 출제] × 《**표현의 자유에 의하여 보호됨**》 광고가 단순히 상업적인 상품이나 서비스에 관한 **사실을 알리는 경우**에도 그 내용이 **공익을 포함**하는 때에는 **헌법 제21조의 표현의 자유에 의하여 보호**된다(헌재 2002. 12. 18. 2000헌마764). 22 경정

③ [3회 출제] ○ 헌법 제21조에서 보장하고 있는 **언론·출판의 자유 즉 표현의 자유**는 전통적으로는 사상 또는 의견의 자유로운 표명(**발표의 자유**)과 그것을 전파할 자유(**전달의 자유**)를 의미하고, 개인이 인간으로서의 존엄과 가치를 유지하고 행복을 추구하며 국민주권을 실현하는 데 필수불가결한 것으로서, **종교의 자유, 양심의 자유, 학문과 예술의 자유 등의 정신적인 자유를 외부적으로 표현하는 자유**라고 할 수 있다(헌재 2009. 5. 28. 2006헌바109 등). 23 법무사

④ [2회 출제] ○ 비의료인에게 의료에 관한 광고를 허용할 경우에는 비의료인에 의하여 의료에 관한 부정확한 광고가 양산되고, 그에 의하여 일반인들이 올바른 의료선택을 하지 못하게 되며, 무면허 의료행위가 조장·확산될 위험이 있다. 이 사건 법률조항은 이러한 결과를 방지하여 국민의 생명권과 건강권을 보호하고 국민의 보건에 관한 국가의 보호의무를 이행하기 위하여 필요한 최소한도 내의 제한이라고 할 것이므로, 비의료인인 청구인의 **표현의 자유, 직업수행의 자유를 침해한다고 볼 수 없다**(헌재 2016. 9. 29. 2015헌바325). 24 경정

14 ③

① [3회 출제] ○ 집회의 자유는 **집회의 시간, 장소, 방법과 목적을 스스로 결정할 권리**, 즉 집회를 하루 중 언제 개최할지 등 **시간 선택에 대한 자유**와 어느 장소에서 개최할지 등 **장소 선택에 대한 자유**를 내포하고 있다. 따라서 **옥외집회를 야간에 주최하는 것 역시 집회의 자유로 보호됨**이 원칙이고, 이를 사회의 안녕질서 또는 국민의 주거 및 사생활의 평온 등을 위하여 제한함에는 목적 달성에 필요한 최소한의 범위로 한정되어야 한다(헌재 2009. 9. 24. 2008헌가25). 17 법원9

② [2회 출제] ○ 헌법 제21조 제2항은 "언론·출판에 대한 허가나 검열과 집회·결사에 대한 허가는 인정되지 아니한다."고 규정하여 헌법 자체에서 **언론·출판에 대한 허가나 검열의 금지와 더불어 집회에 대한 허가금지를 명시함**으로써, 집회의 자유에 있어서는 다른 기본권 조항들과는 달리, '허가'의 방식에 의한 **제한을 허용하지 않겠다는 헌법적 결단**을 분명히 하고 있다(헌재 2014. 4. 24. 2011헌가29). 22 지방7

③ [3회 출제] × 《**개연성이 높음**》 외교기관을 대상으로 하는 **외교기관 인근에서의 옥외집회나 시위**는 당사자들 사이의 갈등이 극단으로 치닫거나, 물리적 충돌로 발전할 **개연성이 높고**, 고도의 법익충돌 상황을 야기할 수 있기 때문에 집시법의 일반적인 규제조치 외에 외교기관 인근을 집회금지 구역으로 설정한 것 자체는 외교기관의 기능과 안전을 보호하려는 이 사건 법률조항의 입법목적을 보다 충실히 달성하기 위하여 **적절한 수단이 될 수 있다**. … 이 사건 법률조항으로 달성하고자 하는 공익은 외교기관의 기능과 안전의 보호라는 국가적 이익이며, 이 사건 법률조항은 법익충돌의 위험성이 없는 경우에는 외교기관 인근에서의 집회나 시위도 허용함으로써 구체적인 상황에 따라 상충하는 법익 간의 조화를 이루고 있다. 따라서 이 사건 법률조항이 청구인의 **집회의 자유를 침해한다고 할 수 없다**(헌재 2010. 10. 28. 2010헌마111). 17 5급

④ [3회 출제] ○ **경찰의 촬영행위**는 개인정보자기결정권의 보호대상이 되는 신체, 특정인의 집회·시위 참가 여부 및 그 일시·장소 등의 **개인정보를 정보주체의 동의 없이 수집**하였다는 점에서 **개인정보자기결정권을 제한**할 수 있다(헌재 2018. 8. 30. 2014헌마843). 23 국가7

15 ①

① [3회 출제] ○ 이 사건에서 문제되는 **게임 결과물의 환전**은 게임이용자로부터 게임 결과물을 매수하여 다른 게임이용자에게 이윤을 붙여 되파는 것으로, 이러한 행위를 영업으로 하는 것은 생활의 기본적 수요를 충족시키는 계속적인 소득활동이 될 수 있으므로, 게임 결과물의 환전업은 **헌법 제15조가 보장하고 있는 직업에 해당한다**(헌재 2010. 2. 25. 2009헌바38). 16 경정

② [4회 출제] × 《**휴가 중 업무, 수습직 포함**》 직업의 자유에 의한 보호의 대상이 되는 '**직업**'은 '**생활의 기본적 수요를 충족시키기 위한 계속적 소득활동**'을 의미하며 그러한 내용의 활동인 한 그 종류나 성질을 묻지 아니한다. 이러한 직업의 개념표지들은 개방적 성질을 지녀 엄격하게 해석할 필요는 없는바, '**계속성**'과 관련하여서는 **주관적으로 활동의 주체가 어느 정도 계속적으로 해당 소득활동을 영위할 의사가 있고, 객관적으로도 그러한 활동이 계속성을 띨 수 있으면 족하다고 해석되므로 휴가기간 중에 하는 일, 수습직으로서의 활동** 따위도 이에 포함된다고 볼 것이고, 또 '생활수단성'과 관련하여서는 단순한 여가활동이나 취미활동은 직업의 개념에 포함되지 않으나 겸업이나 부업은 삶의 수요를 충족하기에 적합하므로 직업에 해당한다고 말할 수 있다(헌재 2003. 9. 25. 2002헌마519). 20 변호사

③ [3회 출제] × 《**직업의 자유 제한 아님**》 '직업'이란 생활의 기본적 수요를 충족시키기 위해서 행하는 계속적인 소득활동을 의미하는바, 학교운영위원이 **무보수 봉사직**이라는 점을 고려하면 운영위원으로서의 활동을 **직업으로 보기 어려우므로** 이 사건 법률조항이 **직업선택의 자유와 관련되는 것은 아니라 할 것이다**(헌재 2007. 3. 29. 2005헌마1144). 11 법원9

④ 3회 출제 × 《제한적으로 향유 가능》 직업의 자유 중 이 사건에서 문제되는 직장 선택의 자유는 인간의 존엄과 가치 및 행복추구권과도 밀접한 관련을 가지는 만큼 단순히 국민의 권리가 아닌 인간의 권리로 보아야 할 것이므로 권리의 성질상 참정권, 사회권적 기본권, 입국의 자유 등과 같이 외국인의 기본권 주체성을 전면적으로 부정할 수는 없고, 외국인도 제한적으로라도 직장 선택의 자유를 향유할 수 있다고 보아야 한다. 한편 기본권 주체성의 인정문제와 기본권제한의 정도는 별개의 문제이므로, 외국인에게 직장 선택의 자유에 대한 기본권 주체성을 인정한다는 것이 곧바로 이들에게 우리 국민과 동일한 수준의 직장 선택의 자유가 보장된다는 것을 의미하는 것은 아니라고 할 것이다(헌재 2011. 9. 29. 2009헌마351). 21 경정

16 ㆍ ②

① × 《재산권 아님》 입법자에 의한 재산권의 내용과 한계의 설정은 기존에 성립된 재산권을 제한할 수도 있고, 기존에 없던 것을 새롭게 형성하는 것일 수도 있다. 이 사건 조항은 종전에 없던 재산권을 새로이 형성한 것에 해당되므로, 역으로 그 형성에 포함되어 있지 않은 것은 재산권의 범위에 속하지 않는다. 그러므로 청구인들이 주장하는바 '불법적인 사용의 경우에 인정되는 수용청구권'이란 재산권은 존재하지 않으므로, 이 사건 조항이 그러한 재산권을 제한할 수는 없다(헌재 2005. 7. 21. 2004헌바57). 23 경간

② ○ 시혜적 입법의 시혜대상에서 제외되었다는 이유만으로 재산권의 침해가 발생하는 것은 아니고 시혜대상에 포함될 경우 얻을 수 있었던 재산상 이익의 기대가 성취되지 않았다고 하여도 이와 같은 단순한 재산상 이익에 대한 기대는 헌법이 보호하는 재산권의 영역에 포함되지 아니한다(헌재 2008. 9. 25. 2007헌가9). 21 법무사

③ 3회 출제 × 《재산권 아님》 공제회가 관리·운용하는 기금은 학교안전사고보상공제 사업 등에 필요한 재원을 확보하고, 공제급여에 충당하기 위하여 설치 및 조성되는 것으로서 학교안전법령이 정하는 용도에 사용되는 것일 뿐, 각 공제회에 귀속되어 사적 유용성을 갖는다거나 원칙적 처분권이 있는 재산적 가치라고 보기 어렵고, 공제회가 갖는 기금에 대한 권리는 법에 의하여 정해진 대로 운영할 수 있는 법적 권능에 불과할 뿐 사적 이익을 위해 권리주체에게 귀속될 수 있는 성질의 것이 아니므로, 이는 헌법 제23조 제1항에 의하여 보호되는 공제회의 재산권에 해당되지 않는다(헌재 2015. 7. 30. 2014헌가7). 24 소간

④ 3회 출제 × 《사망일시금 재산권 X》 사망일시금 제도는 유족연금 또는 반환일시금을 지급받지 못하는 가입자 등의 가족에게 사망으로 소요되는 비용의 일부를 지급함으로써 국민연금제도의 수혜범위를 확대하고자 하는 차원에서 도입되었는데, 국민연금제도가 사회보장에 관한 헌법규정인 제34조 제1항, 제2항, 제5항을 구체화한 제도로서, 국민연금법상 연금수급권 내지 연금수급기대권이 재산권의 보호대상인 사회보장적 급여라고 한다면 사망일시금은 사회보험의 원리에서 다소 벗어난 장제부조적·보상적 성격을 갖는 급여로 사망일시금은 헌법상 재산권에 해당하지 아니하므로, 이 사건 사망일시금 한도 조항이 청구인들의 재산권을 제한한다고 볼 수 없다(헌재 2019. 2. 28. 2017헌마432). 22 경정

17 ㆍ ④

① ○ 국가는 국민의 교육을 받을 권리라는 기본권을 보장하고 의무교육을 시행하기 위하여 적기에 적절한 학교교지를 확보하여야 할 의무가 있다는 점 및 이를 고려하여 학교교지에 대하여는 유상으로 취득하도록 규정한 것이라는 점에 비추어 보면, 학교교지의 조성·개발에 소요된 비용 역시 국가 등이 부담하는 것이 상당하다(헌재 2021. 4. 29. 2019헌바444 등). 25 경간

② ○ 헌법 제31조 제4항에 의해 보장되는 교육의 자주성과 전문성은 '교육기관의 자유'와 '교육의 자유'를 보장함으로써 비로소 달성할 수 있는데, '교육기관의 자유'는 교육을 담당하는 교육기관의 교육운영에 관한 자주적인 결정권을 그 내용으로 하고, '교육의 자유'는 교육내용이나 교육방법 등에 관한 자주적인 결정권을 그 내용으로 한다(헌재 2013. 5. 30. 2011헌바227). 23 경찰 2차

③ 3회 출제 ○ (1) 의무교육에 필요한 학교시설은 국가의 일반적 과제이고, 학교용지는 의무교육을 시행하기 위한 물적 기반으로서 필수조건임은 말할 필요도 없으므로 이를 달성하기 위한 비용은 국가의 일반재정으로 충당하여야 한다. 따라서 적어도 의무교육에 관한 한 일반재정이 아닌 부담금과 같은 별도의 재정수단을 동원하여 특정한 집단으로부터 그 비용을 추가로 징수하여 충당하는 것은 의무교육의 무상성을 선언한 헌법에 반한다(헌재 2005. 3. 31. 2003헌가20). (2) 의무교육이 아닌 중등교육에 관한 교육재정과 관련하여 재정조달목적의 부담금을 징수할 수 있다고 하더라도 … 학교용지확보 필요성에 있어서 주택건설촉진법상의 수분양자들의 구체적 사정을 거의 고려하지 않은 채 수분양자 모두를 일괄적으로 동일한 의무자집단에 포함시켜 동일한 학교용지부담금을 부과하는 것은 합리적 근거가 없는 차별에 해당하고, … 이 사건 법률조항은 학교용지부담금 부과대상 개발사업을 신규 주택의 공급 여부가 아닌 단순히 주택 공급의 근거 법률이 무엇이냐에 따라 정하고 있는바, 이는 합리성이 없는 기준에 의하여 자의적으로 제청신청인들을 불리하게 대우하는 것이다(헌재 2005. 3. 31. 2003헌가20). 16 국가7

④ 2회 출제 × 《사립학교운영의 자유 침해 X》 이 사건 법률조항이 학교법인으로 하여금 의무의 부담을 하고자 할 때 관할청의 허가를 받도록 하고 있어 사립학교운영에 관한 자유를 제한하고 있다 하더라도, 이는 공공복리를 위하여 필요한 권리를 제한한 경우에 해당하는 것이며, 일정액 미만의 넓은 범위에서 허가를 받지 않도록 예외를 두고 있고 시행상 일반적인 학교운영과 관련된 통상적인 의무부담은 허가에서 제외하고 있으며 일정액이상이라도 허가를 받아 자유롭게 처리할 수 있는 점 등을 보면 합리적인 입법한계를 일탈하였거나 기본권의 본질적인 부분을 침해하였다고 볼 수 없다(헌재 2001. 1. 18. 99헌바63). 15 경정

18 ㆍ ③

① 4회 출제 ○ 21 소간

> 국회법 제123조(청원서의 제출) ① 국회에 청원을 하려는 자는 의원의 소개를 받거나 국회규칙으로 정하는 기간 동안 국회규칙으로 정하는 일정한 수 이상의 국민의 동의를 받아 청원서를 제출하여야 한다.

② **3회 출제** ○ 21 경정

> **청원법 제22조(이의신청)** ① 청원인은 다음 각 호의 어느 하나에 해당하는 경우로서 **공개 부적합 결정 통지를 받은 날** 또는 제21조에 따른 **처리기간이 경과한 날부터 30일 이내에 청원기관의 장에게 문서로 이의신청**을 할 수 있다.
> 1. 청원기관의 장의 **공개 부적합 결정에 대하여 불복**하는 경우
> 2. 청원기관의 장이 제21조에 따른 **처리기간 내에 청원을 처리하지 못한 경우**

③ **4회 출제** × 《청원사항에 해당함》 21 경정

> **청원법 제5조(청원사항)** 국민은 다음 각 호의 어느 하나에 해당하는 사항에 대하여 청원기관에 청원할 수 있다.
> 3. **법률·명령·조례·규칙 등의 제정·개정 또는 폐지**

④ **4회 출제** ○ 헌법은 제26조 제1항에서 "모든 국민은 법률이 정하는 바에 의하여 국가기관에 문서로 청원할 권리를 가진다."라고 하여 청원권을 보장하고 있는바 **청원권**은 공권력과의 관계에서 일어나는 여러 가지 이해관계, 의견, 희망 등에 관하여 **적법한 청원을 한 모든 국민**에게 국가기관이(그 주관관서가) **청원을 수리**할 뿐만 아니라 이를 심사하여 청원자에게 그 **처리결과를 통지**할 것을 **요구할 수 있는 권리를 말한다**(헌재 2023. 3. 23. 2018헌마460 등). 24 경정

---

19 🔍③

① ○ 재심은 확정된 종국판결에 재심이유에 해당하는 중대한 하자가 있는 경우 그 판결의 취소와 이미 종결되었던 사건의 심판을 구하는 비상의 불복신청방법으로서, 그와 같은 중대한 하자가 있는 예외적인 경우에 한하여 법적 안정성을 후퇴시키고 구체적 정의를 실현하기 위하여 마련된 것이다. **재심은 판결에 대한 불복방법의 하나인 점에서는 상소와 마찬가지**라고 할 수 있지만, 상소와는 달리 **확정판결에 대한 불복방법**이고, 확정판결에 대한 법적 안정성의 요청은 미확정판결에 대한 그것보다 훨씬 크기 때문에, **상소보다 더 예외적으로 인정되어야 한다는 점에서 차이가 있다**(헌재 2022. 2. 24. 2020헌바148). 23 법무사

② **2회 출제** ○ 헌법 제27조 제1항은 "모든 국민은 헌법과 법률이 정한 법관에 의하여 법률에 의한 재판을 받을 권리를 가진다."라고 규정하고 있을 뿐, 합의부에 의한 재판을 받을 권리를 명문화하고 있는 헌법상 규정은 존재하지 않는다. 결국 **단독판사와 합의부의 심판권을 어떻게 분배할 것인지** 등에 관한 문제는 기본적으로 **입법형성권을 가진 입법자가 사법정책을 고려하여 결정할 사항**으로, 다만 입법자는 **국민의 권리가 효율적으로 보호**되고 **재판제도가 적정하게 운용**되도록 법원조직에 따른 **재판사무 범위를 배분·확정**하여야 한다. … 따라서 이 사건 관할조항이 재판사무 배분에 관한 입법형성의 재량을 일탈하였다고 볼 수 없으므로, **국민의 재판받을 권리를 침해하지 않는다**(헌재 2019. 7. 25. 2018헌바209 등). 23 법무사

③ × 《재판청구권 침해 아님》 '조세범 처벌절차법'에 따른 통고처분은 형벌의 비범죄화 정신에 접근하는 제도로서 형벌적 제재의 불이익을 감면해주는 제도이다. 심판대상조항으로 인해 통고처분을 받은 당사자가 행정쟁송을 제기하는 등으로 적극적·능동적으로 다툴 수는 없지만, 통고받은 벌금상당액을 납부하지 않음으로써 고발, 나아가 형사재판절차로 이행되게 하여, 여기에서 재판절차에 따라 법관에 의한 판단을 받을 수 있으므로, 당사자에게는 **정식재판의 절차도 보장**되어 있다. '조세범 처벌절차법'에 따른 통고처분에 대하여 형사절차와 별도의 행정쟁송절차를 두는 것은 신속한 사건 처리를 저해할 수 있고, 절차의 중복과 비효율을 초래할 수 있다. 위와 같은 점을 종합하여 보면, '조세범 처벌절차법'에 따른 통고처분에 대하여 행정쟁송을 배제하고 있는 입법적 결단이 현저히 불합리하다고 보기 어렵다. 따라서 심판대상조항이 청구인의 **재판청구권을 침해한다고 할 수 없다**(헌재 2024. 4. 25. 2022헌마251). 25 경간(변형)

④ **3회 출제** ○ 헌법 제27조 제1항이 규정한 재판청구권이나 헌법 제12조 제1항에 규정된 적법절차 원칙이 입법자에게 반드시 **기소유예처분을 받은 피의자가 무죄를 주장**하여 **일반법원에서 법관에 의한 재판을 받을 수 있는 절차**를 마련해야 할 **입법자의 행위의무 내지 보호의무를 부여한다고 볼 수 없다**(헌재 2013. 9. 26. 2011헌마472). 23 해경

---

20 🔍③

① × 《보상을 요하는 특별한 희생 ×》 헌법 제39조 제1항은 "모든 국민은 법률이 정하는 바에 의하여 국방의 의무를 진다"고 규정하고 있는바, 이러한 국방의 의무는 외부 적대세력의 직·간접적인 침략행위로부터 국가의 독립을 유지하고 영토를 보전하기 위한 의무로서, 헌법에서 이러한 국방의 의무를 국민에게 부과하고 있는 이상 항토예비군설치법에 따라 **예비군훈련소집에 응하여 훈련을 받는 것은 국민이 마땅히 하여야 할 의무를 다하는 것일 뿐, 국가나 공익목적을 위하여 특별한 희생을 하는 것이라고 할 수 없다**(헌재 2003. 6. 26. 2002헌마484). 22 경찰 2차

② **4회 출제** × 《사실상·경제상 불이익 불포함》 헌법 제39조 제2항은 병역의무를 이행한 사람에게 보상조치를 취하거나 특혜를 부여할 의무를 국가에게 지우는 것이 아니라, 법문 그대로 병역의무의 이행을 이유로 불이익한 처우를 하는 것을 금지하고 있을 뿐이다. 그리고 이 조항에서 금지하는 "**불이익한 처우**"라 함은 **단순한 사실상, 경제상의 불이익을 모두 포함하는 것이 아니라 법적인 불이익을 의미하는 것으로 보아야 한다**(헌재 1999. 12. 23. 98헌마363). 24 경찰 1차

③ **2회 출제** ○ 이 사건 법률조항은 바로 이와 같이 가장 기본적인 국민의 국방의 의무를 구체화하기 위하여 마련된 것이다. 그리고 이와 같은 병역의무가 제대로 이행되지 않아 국가의 안전보장이 이루어지지 않는다면 국민의 인간으로서의 존엄과 가치도 보장될 수 없음은 불을 보듯 명확한 일이다. 따라서 **병역의무는, 궁극적으로는 국민 전체의 인간으로서의 존엄과 가치를 보장하기 위한 것이라 할 것이고, 피고인의 양심의 자유가 위와 같은 헌법적 법익보다 우월한 가치라고는 할 수 없다**(헌재 2004. 10. 28. 2004헌바61 등). 20 경정, 11 법원 9

④ **2회 출제** × 《불이익한 처우 아님》 이 사건 공고는 현역군인 신분자에게 다른 직종의 시험응시기회를 제한하고 있으나 이는 **병역의무 그 자체를 이행하느라 받는 불이익으로서 병역의무 중에 입는 불이익에 해당될 뿐, 병역의무의 이행을 이유로 한 불이익은 아니므로** 이 사건 공고로 인하여 현역군인이 타 직종에 시험응시를 하지 못하는 것은 헌법 제39조 제2항에서 금지하는 '불이익한 처우'라 볼 수 없다(헌재 2007. 5. 31. 2006헌마627). 24 경찰 2차

제4회 경찰헌법 봉투모의고사

정답 모아보기

01 ④	02 ③	03 ③	04 ①	05 ④
06 ④	07 ③	08 ①	09 ①	10 ④
11 ②	12 ③	13 ①	14 ④	15 ②
16 ②	17 ④	18 ②	19 ①	20 ②

01 ④

① [2회 출제] × 《국회의 승인을 요함》 15 지방 7

> 헌법 제76조 ③ 대통령은 제1항과 제2항의 **처분 또는 명령을 한 때**에는 지체없이 **국회에 보고하여 그 승인을 얻어야 한다.**

② [2회 출제] × 《국회의 집회가 불가능한 때에 한하여 × (계엄 : 국회 집회 요건 없음)》 23 지방 7

> 헌법 제77조 ① 대통령은 **전시·사변** 또는 이에 준하는 **국가비상사태**에 있어서 **병력**으로써 군사상의 필요에 응하거나 공공의 안녕질서를 유지할 필요가 있을 때에는 **법률이 정하는 바에 의하여 계엄을 선포할 수 있다.**

③ [3회 출제] × 《계엄 변경 시 국무회의 심의 거쳐야 함》 18 지방 7

> 헌법 제89조 다음 사항은 **국무회의의 심의**를 거쳐야 한다.
> 5. 대통령의 긴급명령·긴급재정경제처분 및 명령 또는 **계엄과 그 해제**
>
> 계엄법 제2조(계엄의 종류와 선포 등) ⑤ 대통령이 **계엄을 선포**하거나 **변경하고자 할 때에는 국무회의의 심의**를 거쳐야 한다.
>
> 계엄법 제11조(계엄의 해제) ② 대통령이 제1항에 따라 계엄을 해제하려는 경우에는 **국무회의의 심의**를 거쳐야 한다.

④ [2회 출제] ○ 20 지방 7

> 계엄법 제6조(계엄사령관에 대한 지휘·감독) ① 계엄사령관은 계엄의 시행에 관하여 **국방부장관의 지휘·감독**을 받는다. 다만, **전국을 계엄지역으로 하는 경우**와 **대통령이 직접 지휘·감독**을 할 필요가 있는 경우에는 **대통령의 지휘·감독**을 받는다.

02 ③

① [3회 출제] × 《2년 내 → 3년 내》 21 경정

> 국적법 제18조(국적상실자의 권리 변동) ① 대한민국 국적을 상실한 자는 국적을 상실한 때부터 **대한민국의 국민만이 누릴 수 있는 권리**를 누릴 수 없다.

> ② 제1항에 해당하는 권리 중 대한민국의 국민이었을 때 취득한 것으로서 **양도(讓渡)할 수 있는 것**은 그 권리와 관련된 법령에서 따로 정한 바가 없으면 **3년 내에 대한민국의 국민에게 양도**하여야 한다.

② [3회 출제] × 《위배 X》 청구인의 주장 자체에 의하더라도 이 사건 법률조항에는 귀화허가취소권의 행사기간의 제한이 없고, 시행령에 그 행사기간이 위임된 바도 없으므로, 명확성원칙 및 포괄위임입법금지원칙은 문제되지 않고, 청구인의 위 주장은 결국 이 사건 법률조항이 기간의 제한 없이 귀화허가를 취소할 수 있도록 규정한 것이 과잉금지원칙에 위반하여 청구인의 거주·이전의 자유 및 행복추구권을 침해하였다는 것이므로, 그에 대한 판단 외에는 별도로 살피지 아니한다. … 이 사건 법률조항이 귀화허가 취소권의 행사기간을 제한하지 않았다고 하더라도 침해의 최소성원칙에 위배되지 아니한다. 한편, 귀화허가가 취소되는 경우 국적을 상실하게 됨에 따른 불이익을 받을 수 있으나, 국적 관련 행정의 적법성 확보라는 공익이 훨씬 더 크므로 법익균형성의 원칙에도 위배되지 아니한다. 따라서 이 사건 법률조항은 거주·이전의 자유 및 행복추구권을 침해하지 아니한다(헌재 2015. 9. 24. 2015헌바26). 19 국회 8

보충설명 국적법은 귀화허가취소의 기준·절차와 그 밖의 필요한 사항을 하위법령에 위임하고 있지 않다.

③ [5회 출제] ○ 심판대상조항은 **복수국적자의 기회주의적 국적이탈을 방지**하여 국민으로서 마땅히 부담해야 할 의무에 대한 **악의적 면탈을 방지**하고 국가공동체 운영의 기본원리를 지키고자 적어도 **외국에 주소가 있는 자에게만 국적이탈을 허용**하려는 것이므로 **목적이 정당하고 그 수단도 적합**하다. … 심판대상조항은 과잉금지원칙에 위배되지 아니하므로 **국적이탈의 자유를 침해하지 아니한다**(헌재 2023. 2. 23. 2020헌바603). 24 국회 8

④ [4회 출제] × 《위배 X》 심판대상조항은 특례의 적용을 받는 모계출생자가 그 권리를 조속히 행사하도록 하여 위 모계출생자의 국적·법률관계를 조속히 확정하고, 국가기관의 행정상 부담을 줄일 수 있도록 하며, 위 모계출생자가 권리를 남용할 가능성을 억제하기 위하여 특례기간을 2004. 12. 31.까지로 한정하고 있는바, 이를 **불합리하다고 볼 수 없다.** … 심판대상조항은 특례의 적용을 받는 모계출생자와 출생으로 대한민국 국적을 취득하는 모계출생자를 합리적 사유 없이 차별하고 있다고 볼 수 없고, 따라서 **평등원칙에 위배되지 않는다**(헌재 2015. 11. 26. 2014헌바211). 18 경정

03 ③

① [3회 출제] × 《소급입법금지 : 진정소급효 입법만 금지》 헌법 제13조 제2항에서 "모든 국민은 소급입법에 의하여 …… 재산권을 박탈당하지 아니한다."라고 하여 소급입법에 의한 재산권의 박탈을 금지하고 있다. 과거의 사실관계 또는 법률관계를 규율하기 위한 소급입법의 태양에는 이미 과거에 완성된 사실·법률관계를 규율의 대상으로 하는 진정소급효의 입법과 이미 과거에 시작하였으나 아직 완성

되지 아니하고 진행과정에 있는 사실·법률관계를 규율의 대상으로 하는 부진정소급효의 입법이 있다. 헌법 제13조 제2항이 금하고 있는 소급입법은 전자, 즉 진정소급효를 가지는 법률만을 의미하며, 이에 반하여 후자, 즉 부진정소급효의 입법은 원칙적으로 허용된다(헌재 2008. 11. 27. 2005헌마61 등). 20 법원 9

② [3회 출제] × 《공익상 이유 없음, 허용 X》 심판대상조항은 개정 후 법인세법의 시행 이전에 결손금 소급공제 대상 중소기업이 아닌 법인이 결손금 소급공제로 법인세를 환급받은 경우에도 이 사건 개정조항을 적용할 수 있도록 규정하고 있으므로, 이는 이미 종결한 과세요건사실에 소급하여 적용할 수 있도록 하는 것이다. 따라서 심판대상조항은 청구인이 이 사건 개정조항이 시행되기 전 환급세액을 수령한 부분까지 사후적으로 소급하여 적용되는 것으로서 헌법 제13조 제2항에 따라 원칙적으로 금지되는 이미 완성된 사실·법률관계를 규율하는 진정소급입법에 해당한다. … 결국, 법인세를 부당 환급받은 법인은 소급입법을 통하여 이자상당액을 포함한 조세채무를 부담할 것이라고 예상할 수 없었고, 환급세액과 이자상당액을 법인세로서 납부하지 않을 것이라는 신뢰는 보호할 필요가 있으며 신뢰의 이익이 적은 경우라거나 소급입법에 의한 당사자의 손실이 가벼운 경우라고 할 수 없다. 나아가 개정 전 법인세법 아래에서도 환급세액을 부당이득 반환청구를 통하여 환수할 수 있었으므로, 신뢰보호의 요청에 우선하여 진정소급입법을 하여야 할 매우 중대한 공익상 이유가 있다고 볼 수도 없다(헌재 2014. 7. 24. 2012헌바105). 20 경정, 19 5급

③ ○ 상속제도나 상속권의 내용은 입법 정책적으로 결정하여야 할 사항으로서 원칙적으로 입법형성의 영역에 속하고, 부재자의 참여 없이 진행되는 실종선고 심판절차에서 법원으로서는 실종 여부나 실종이 된 시기 등에 대하여 청구인의 주장과 청구인이 제출한 소명자료를 기초로 실종 여부나 실종기간의 기산일을 판단하게 되는 측면이 있는바, 이로 인하여 발생할 수 있는 상속인의 범위나 상속분 등의 변경에 따른 법률관계의 불안정을 제거하여 법적 안정성을 추구하고, 실질적으로 남녀 간 공평한 상속이 가능하도록 개정된 민법상의 상속규정을 개정민법 시행 후 실종이 선고되는 부재자에게까지 확대 적용함으로써 얻는 공익이 매우 크므로, 심판대상조항은 신뢰보호원칙에 위배하여 재산권을 침해하지 아니한다(헌재 2016. 10. 27. 2015헌바203 등). 22 경찰 1차

④ [2회 출제] × 《소급입법금지원칙 위반》 헌법재판소의 위 헌법불합치결정에 따라 개선입법이 이루어질 것이 미리 예정되어 있기는 하였으나 그 결정이 내려진 2007. 3. 29.부터 잠정적용시한인 2008. 12. 31.까지 상당한 시간적 여유가 있었는데도 국회에서 개선입법이 이루어지지 아니하였다. 그에 따라 청구인들이 2009. 1. 1.부터 2009. 12. 31.까지 퇴직연금을 전부 지급받았는데 이는 전적으로 또는 상당 부분 국회가 개선입법을 하지 않은 것에 기인한 것이다. … 따라서 이 사건 부칙조항은 헌법 제13조 제2항에서 금지하는 소급입법에 해당하며 예외적으로 소급입법이 허용되는 경우에도 해당하지 아니하므로, 소급입법금지원칙에 위반하여 청구인들의 재산권을 침해한다(헌재 2013. 8. 29. 2010헌바354 등). 21 소간

04   🔑 ①

㉠ ○ 당내경선은 공직선거 자체와는 구별되는 정당 내부의 자발적인 의사결정에 해당하고, 경선운동은 원칙적으로 공직선거에서의 당선 또는 낙선을 위한 행위인 선거운동에 해당하지 않는다. 따라서 당내경선의 형평성과 공정성을 담보하기 위해서 국가가 개입하여야 하는 정도가 공직선거와 동등하다고 보기는 어렵다. 이와 같은 당내경선 및 경선운동의 내용 및 성질과 경선운동은 정치적 표현의 자유의 보호영역에 속하는 점 등을 고려하면, 심판대상조항이 과잉금지원칙에 반하는지 여부를 판단할 때에는 엄격한 심사기준이 적용되어야 한다(헌재 2022. 6. 30. 2021헌가24). 22 법무사

㉡ ○ 서울교통공사의 상근직원은 서울교통공사의 경영에 관여하거나 실질적인 영향력을 미칠 수 있는 권한을 가지고 있지 아니하므로, 경선운동을 한다고 하여 그로 인한 부작용과 폐해가 크다고 보기 어렵다. 또한 공직선거법은 이미 서울교통공사의 상근직원이 당내경선에 직·간접적으로 영향력을 행사하는 행위들을 금지·처벌하는 규정들을 마련하고 있다. 서울교통공사의 상근직원이 그 지위를 이용하여 경선운동을 하는 행위를 금지·처벌하는 규정을 두는 것은 별론으로 하고, 경선운동을 일률적으로 금지·처벌하는 것은 정치적 표현의 자유를 과도하게 제한하는 것이다. 정치적 표현의 자유의 중대한 제한에 비하여, 서울교통공사의 상근직원이 당내경선에서 공무원에 준하는 영향력이 있다고 볼 수 없는 점 등을 고려하면 심판대상조항이 당내경선의 형평성과 공정성의 확보라는 공익에 기여하는 바가 크다고 보기 어렵다. 따라서 심판대상조항은 과잉금지원칙에 반하여 정치적 표현의 자유를 침해한다(헌재 2022. 6. 30. 2021헌가24). 23 법원 9

㉢ × 《공무담임권 침해》 농지개량조합의 조합장은 별론으로 하고, 그 나머지 조합장에 대해서는 적어도 국민의 참정권을 제한함에 있어서 합리성 없는 차별대우의 입법이라고 보지 않을 수 없으며, 이들에 대한 참정권 및 평등권에 관하여 도저히 헌법 제37조 제2항에 의하여 정당화 될 수 없는 과도한 제한이며 그 기본권의 침해라고 볼 것이다. 민주주의는 피치자가 곧 치자가 되는 치자와 피치자의 자동성을 뜻하기 때문에 공무담임권을 통해 최대 다수의 최대 정치참여, 자치참여의 기회를 보장하여야 하는 것이며, 그 제한은 어디까지나 예외적이고 필요 부득이한 경우에 국한되어야 한다. 이러한 헌법상의 법리가 지켜지지 않은 것이다(헌재 1991. 3. 11. 90헌마28). 24 경찰 2차

㉣ [5회 출제] × 《선거권 침해 및 보통선거 위반 아님》 지역구국회의원은 국민의 대표임과 동시에 소속지역구의 이해관계를 대변하는 역할을 하고 있다. 전국을 단위로 선거를 실시하는 대통령선거와 비례대표국회의원선거에 투표하기 위해서는 국민이라는 자격만으로 충분한 데 반해, 특정한 지역구의 국회의원선거에 투표하기 위해서는 '해당 지역과의 관련성'이 인정되어야 한다. 주민등록과 국내거소신고를 기준으로 지역구국회의원선거권을 인정하는 것은 해당 국민의 지역적 관련성을 확인하는 합리적인 방법이다. 따라서 선거권조항과 재외선거인 등록신청조항이 재외선거인의 임기만료지역구국회의원 선거권을 인정하지 않은 것이 재외선거인의 선거권을 침해하거나 보통선거원칙에 위배된다고 볼 수 없다(헌재 2014. 7. 24. 2009헌마256 등). 23 해간

05   🔑 ④

① [2회 출제] × 《일정한 요건을 갖출 시 외국인도 주민투표권 인정 (법률상 권리)》 16 서울 7

> **공직선거법 제15조(선거권)** ② 18세 이상으로서 제37조제1항에 따른 선거인명부작성기준일 현재 다음 각 호의 어느 하나에 해당하는 사람은 그 구역에서 선거하는 지방자치단체의 의회의원 및 장의 선거권이 있다.
> 3. 「출입국관리법」 제10조에 따른 **영주의 체류자격 취득일 후 3년이 경과한 외국인**으로서 같은 법 제34조에 따라 **해당 지방자치단체의 외국인등록대장에 올라 있는 사람**
>
> **주민투표법 제5조(주민투표권)** ① **18세 이상의 주민** 중 제6조제1항에 따른 투표인명부 작성기준일 현재 다음 각 호의 어느 하나에 해당하는 사람에게는 **주민투표권**이 있다. 다만, 「공직선거법」 제18조에 따라 선거권이 없는 사람에게는 주민투표권이 없다.
> 2. 출입국관리 관계 법령에 따라 대한민국에 계속 거주할 수 있는 자격(체류자격변경허가 또는 체류기간연장허가를 통하여 계속 거주할 수 있는 경우를 포함한다)을 갖춘 **외국인으로서 지방자치단체의 조례로 정한 사람**

② × 《**사법인적 성격 겸유 / 기본권 주체가 될 수 있음**》 공제회는 이처럼 **공법인적 성격과 사법인적 성격을 겸유**하고 있는데, 공제회가 일부 공법인적 성격을 갖고 있다고 하더라도 공무를 수행하거나 고권적 행위를 하는 경우가 아닌 **사경제주체로서 활동하는 경우**나 **조직법상 국가로부터 독립한 고유 업무를 수행하는 경우**, 그리고 다른 공권력 주체와의 관계에서 **지배복종관계가 성립되어 일반 사인처럼 그 지배하에 있는 경우** 등에는 **기본권 주체**가 될 수 있다(헌재 2015. 7. 30. 2014헌가7).
22 경찰 2차

③ [2회 출제] × 《**공무담임권 침해 다툴 수 있음**》 공직자가 **국가기관의 지위**에서 순수한 직무상의 권한행사와 관련하여 기본권 침해를 주장하는 경우에는 **기본권의 주체성을 인정하기 어렵다** 할 것이나, 그 외의 **사적인 영역**에 있어서는 **기본권의 주체**가 될 수 있는 것이다. 청구인은 **선출직 공무원인 하남시장**으로서 이 사건 법률 조항으로 인하여 공무담임권 등이 침해된다고 주장하여, **순수하게 직무상의 권한행사와 관련된 것이라기보다는 공직의 상실이라는 개인적인 불이익과 연관된 공무담임권**을 다투고 있으므로, 이 사건에서 청구인에게는 **기본권의 주체성이 인정된다** 할 것이다(헌재 2009. 3. 26. 2007헌마843).
24 경찰 1차

④ ○ **재개발조합**은 노후·불량한 건축물이 밀집한 지역에서 주거환경을 개선하여 도시의 기능을 정비하고 주거생활의 질을 높여야 할 **국가의 의무를 국가를 대신하여 실현하는 기능**을 수행하고 있다. 그리고 도시정비법은 이 사건에서 문제된 청산금부과를 비롯하여 관리처분계획 등 적극적 질서형성이 필요한 일부 영역에 관하여는 재개발조합에게 시장·군수 등의 감독하에 행정처분을 할 권한도 부여하고 있다. … 이상의 사정을 종합하여 볼 때, **재개발조합이 기본권의 수범자**로 기능하면서 행정심판의 피청구인이 된 경우에 적용되는 심판대상조항의 위헌성을 다투는 이 사건에 있어, 재개발조합인 청구인은 **기본권의 주체가 된다고 볼 수 없다.** 따라서 청구인의 재판청구권 침해 주장은 더 나아가 살필 필요 없이 이유 없다(헌재 2022. 7. 21. 2019헌바543 등).
23 경찰 2차

06 ④

① [6회 출제] × 《**양심의 자유 심사 X**》 법인도 법인의 목적과 사회적 기능에 비추어 볼 때 그 성질에 반하지 않는 범위 내에서 인격권의 한 내용인 사회적 신용이나 명예 등의 주체가 될 수 있고 법인이 이러한 사회적 신용이나 명예 유지 내지 법인격의 자유로운 발현을 위하여 의사결정이나 행동을 어떻게 할 것인지를 자율적으로 결정하는 것도 법인의 인격권의 한 내용을 이룬다고 할 것이다. 그렇다면 이 사건 심판대상조항은 방송사업자의 의사에 반한 **사과행위를 강제**함으로써 **방송사업자의 인격권을 제한**하는바, 이러한 제한이 그 목적과 방법 등에 있어서 **헌법 제37조 제2항에 의한 헌법적 한계 내의 것인지** 살펴본다. … 따라서 이 사건 심판대상조항은 **과잉금지원칙에 위배되어 방송사업자의 인격권을 침해한다**(헌재 2012. 8. 23. 2009헌가27).
25 경간

② × 《**법령에 구체적으로 규정되어 있는 헌법에서 유래하는 작위의무 but 작위의무 이행으로 헌소 부적법**》 과거사정리법의 제정 경위 및 입법 목적, 과거사정리법의 제규정 등을 종합적으로 살펴볼 때, 과거사정리법 제36조 제1항과 제39조는 '진실규명결정에 따라 규명된 진실에 따라 국가와 피청구인들을 포함한 정부의 각 기관은 피해자의 명예회복을 위해 적절한 조치를 취하고, 가해자와 피해자 사이의 화해를 적극 권유하기 위하여 필요한 조치를 취하여야 할 구체적 작위의무'를 규정하고 있는 조항으로 볼 것이고, 이러한 **피해자에 대한 작위의무는 헌법에서 유래하는 작위의무로서 그것이 법령에 구체적으로 규정**되어 있는 경우라고 할 것이다. … 피청구인들이 청구인 정○○의 유가족인 청구인 이○○ 등의 명예를 회복시키기 위한 **적절한 조치를 이행하였음이 인정**된다(헌재 2021. 9. 30. 2016헌마1034).
24 경찰 1차

③ × 《**인격권 제한**》 사과의 여부 및 사과문의 구체적인 내용은 선거기사심의위원회라는 행정기관에 의해 결정되는 것이지만, 이 사건 법률조항들은 그 사과문이 마치 언론사 스스로의 결정에 의해 작성된 것처럼 해당 언론사의 이름으로 대외적으로 표명되도록 하며, 그 결과 독자들로 하여금 해당 언론사가 선거와 관련하여 객관성과 공정성을 저버린 보도를 했다는 점을 스스로 인정한 것으로 생각하게 만듦으로써, 언론에 대한 신뢰가 무엇보다 중요한 언론사의 사회적 신용이나 명예를 저하시키고 인격의 자유로운 발현을 저해한다. 따라서 이 사건 법률조항들은 언론사의 의사에 반한 사과행위를 강요함으로써 **언론사의 인격권을 제한**하는바, 이 사건의 쟁점은 이러한 제한이 헌법 제37조 제2항이 정한 기본권 제한의 헌법적 한계를 준수하고 있는지 여부이다. … 결국 이 사건 법률조항들은 **언론사의 인격권을 침해하여 헌법에 위반된다**(헌재 2015. 7. 30. 2013헌가8).

④ [10회 출제] ○ 피청구인은 기자들에게 청구인이 경찰서 내에서 수갑을 차고 얼굴을 드러낸 상태에서 **조사받는 모습을 촬영할 수 있도록 허용**하였는데, 청구인에 대한 이러한 수사 장면을 공개 및 촬영하게 할 어떠한 공익 목적도 인정하기 어려우므로 **촬영허용행위는 목적의 정당성이 인정되지 아니한다.** … 또한 촬영허용행위는 언론 보도를 보다 실감나게 하기 위한 목적 외에 어떠한 공익도 인정할 수 없는 반면, 청구인은 피의자로서 얼굴이 공개되어 초상권을 비롯한 인격권에 대한 중대한 제한을 받았고, 촬영한 것이 언론에 보도될 경우 범인으로서의 낙인 효과와 그 파급효는 매우 가혹하여 법익균형성도 인정되지 아니하므로, **촬영허용행위는 과잉금지원칙에 위반되어 청구인의 인격권을 침해하였다**(헌재 2014. 3. 27. 2012헌마652).
23 경찰 1차

07 ③

① ○ 자기낙태죄 조항은 모자보건법이 정한 일정한 예외를 제외하고는 태아의 발달단계 혹은 독자적 생존능력과 무관하게 임신기간 전체를 통틀어 모든 낙태를 전면적·일률적으로 금지하고, 이를 위반할 경우 형벌을 부과하도록 정함으로써, 형법적 제재 및 이에 따른 형벌의 위하력(威嚇力)으로 **임신한 여성에게 임신의 유지·출산을 강제**하고 있으므로, **임신한 여성의 자기결정권을 제한**하고 있다(헌재 2019. 4. 11. 2017헌바127). 22 경찰 2차

② 6회 출제 ○ 모든 인간은 헌법상 생명권의 주체가 되며, 형성 중의 생명인 태아에게도 생명에 대한 권리가 인정되어야 한다. 태아가 비록 그 생명의 유지를 위하여 모(母)에게 의존해야 하지만, 그 자체로 모(母)와 별개의 생명체이고, 특별한 사정이 없는 한, 인간으로 성장할 가능성이 크기 때문이다. 따라서 태아도 헌법상 생명권의 주체가 되며, 국가는 헌법 제10조 제2문에 따라 태아의 생명을 보호할 의무가 있다. … 생명의 전체적 과정에 대해 법질서가 언제나 동일한 법적 보호 내지 효과를 부여하고 있는 것은 아니다. 따라서 국가가 생명을 보호하는 입법적 조치를 취함에 있어 **인간생명의 발달단계에 따라 그 보호정도나 보호수단을 달리하는 것은 불가능하지 않다**(헌재 2019. 4. 11. 2017헌바127). 23 경정

③ × 《수단의 적합성 인정》 자기낙태죄 조항은 **태아의 생명을 보호하기 위한 것으로서 그 입법목적이 정당**하고, 낙태를 방지하기 위하여 임신한 여성의 낙태를 형사처벌하는 것은 이러한 **입법목적을 달성하는 데 적합한 수단**이다. … 자기낙태죄 조항은 입법목적을 달성하기 위하여 필요한 최소한의 정도를 넘어 임신한 여성의 자기결정권을 제한하고 있어 침해의 최소성을 갖추지 못하고 있으며, 법익균형성의 원칙도 위반하였다고 할 것이므로, **과잉금지원칙을 위반**하여 임신한 여성의 **자기결정권을 침해하는 위헌적인 규정이다**(헌재 2019. 4. 11. 2017헌바127).

④ 2회 출제 ○ '연명치료 중단, 즉 생명단축에 관한 자기결정'은 '생명권 보호'의 헌법적 가치와 충돌하므로 '연명치료 중단에 관한 자기결정권'의 인정 여부가 문제되는 '**죽음에 임박한 환자**'란 '의학적으로 환자가 **의식의 회복가능성**이 없고 생명과 관련된 중요한 **생체기능의 상실을 회복**할 수 없으며 환자의 신체상태에 비추어 **짧은 시간 내에 사망에 이를 수 있음이 명백한 경우**', 즉 '**회복 불가능한 사망의 단계**'에 이른 경우를 의미한다 할 것이다(헌재 2009. 11. 26. 2008헌마385). 22 경정

08 ①

① 2회 출제 × 《합리적 이유 없는 자의적 차별임》 이 사건 법률조항은 위약금 약정의 성격을 가지는 매각의 법정조건으로서 민사집행법상 매수신청보증금과 본질적으로 동일한 성격을 가지는 국세징수법상 계약보증금을 절차상 달리 취급함으로써, **국세징수법상 공매절차에서의 체납자 및 담보권자를** 민사집행법상 **경매절차에서의 집행채무자 및 담보권자**에 비하여 그 재산적 이익의 영역에서 **합리적 이유 없이 자의적으로 차별**하고 있으므로 **헌법상 평등원칙에 위반된다**(헌재 2009. 4. 30. 2007헌가8). 22 법무사

② ○ 친족 사이에 발생한 재산범죄의 경우 친족관계의 특성상 친족사회 내부에서 피해의 회복 등 자율적으로 문제를 해결할 가능성이 크고 재산범죄는 피해의 회복이나 손해의 전보가 비교적 용이한 경우가 많은 점, 형사소송법은 고소권자인 피해자의 고소의 의사표시가 어려운 경우의 보완규정을 두고 있는 점을 종합하면, 피해자의 고소를 소추조건으로 하여 피해자의 의사에 따라 국가형벌권 행사가 가능하도록 한 심판대상조항은 합리적 이유가 있으므로 **평등원칙에 위배된다고 보기 어렵다**(헌재 2024. 6. 27. 2023헌바449). 25 경간

③ 2회 출제 ○ 이 사건 법률조항은 고소인과 피고소인 사이에 자율적인 화해가 이루어질 수 있도록 어느 정도의 시간을 보장함으로써 국가형벌권의 남용을 방지하는 동시에 국가형벌권의 행사가 전적으로 고소인의 의사에 의해 좌우되는 것 또한 방지하는 한편, 가급적 고소 취소가 제1심 판결선고전에 이루어지도록 유도함으로써 남상소를 막고, 사법자원이 효율적으로 분배될 수 있도록 하는 역할을 한다. … 따라서 이 사건 법률조항이 항소심 단계에서 고소 취소된 사람을 **자의적으로 차별하는 것이라고 할 수는 없다**(헌재 2011. 2. 24. 2008헌바40). 22 법무사

④ 2회 출제 ○ 이 사건 법률조항은 고소인 또는 고발인이 기소독점주의와 기소편의주의 체제 하에서 검사의 부당한 불기소처분에 불복할 수 있는 절차와 기회를 부여하는 데에 목적이 있고, 이 사건 법률조항이 **기소유예처분을 받은 피의자를 항고권의 주체에서 배제함**으로써 결과적으로 고소인과 고발인만이 검찰 내부기관에 대하여 불기소처분을 다툴 수 있게 된다 하더라도, 이를 가리켜 수인할 수 없을 정도로 합리적 이유 없이 **기소유예처분을 받은 피의자의 평등권을 침해한다고는 할 수 없다**(헌재 2012. 7. 26. 2010헌마642). 22 경정

09 ①

① × 《명확성원칙 위배 아님》 '그 밖에 국가의 회계사무를 처리하는 사람'이란 회계직원책임법 제2조 제1호 가목부터 차목까지에 열거된 직명을 갖지 않는 사람이라도 실질적으로 그와 유사한 회계관계업무를 처리하는 사람으로, 그 업무를 전담하는지 여부나 직위의 높고 낮음은 불문함을 예측할 수 있다. 따라서 회계직원책임법 제2조 제1호 카목 및 이를 구성요건으로 하고 있는 이 사건 특정범죄가중법 조항은 죄형법정주의의 **명확성원칙에 위배되지 아니한다**(헌재 2024. 4. 25. 2021헌바21 등). 25 경간

② ○ '**그 위반행위로 얻은 이익 또는 회피한 손실액의 2배 이상 5배 이하의 벌금형**'을 규정한 심판대상조항은 애매모호하거나 추상적이어서 법관의 자의적인 해석이 가능하다고 볼 수 없어 죄형법정주의의 **명확성원칙에 위배되지 않는다**(헌재 2024. 7. 18. 2022헌가6). 25 경간

③ ○ 심판대상조항의 수범자는 유동화전문회사의 임직원이거나 자산유동화거래 업무와 관련된 전문 지식과 경험을 가진 자로 한정될 것인데, 이들은 자산유동화계획의 내용 중 여유자금의 투자에 관한 사항이 무엇인지, 그리고 어떠한 행위가 '**자산유동화계획에 의하지 않은 여유자금 투자**'인지를 충분히 파악하고 예측할 수 있는 지위에 있다. 따라서 심판대상조항이 수범자의 입장에서 예측가능성 내지 명확성을 결여한 조항이라고 보기 어렵다. 또한 '여유자금'의 사전적 정의와 심판대상조항의 입법목적, 관련 판례 등을 종합적으로 고려하면, 어떠한 행위가 자산유동화계획에 의하지 않은 여유자금 투자로서 처벌되는지에 관한 합리적이고 객관적인 해석기준이 **법관의 보충적 해석을 통하여 충분히 마련되어 있다**고 판단되므로, 심판대상

조항이 **죄형법정주의 명확성원칙에 반한다고 볼 수 없다**(헌재 2023. 10. 26. 2023헌가1). 　　　　　　　　　　　　24 국회 8

④ ○ 국세기본법에서 규정하고 있는 납세의무자의 정의 및 납세의무의 성립시기 등에 의하면, 심판대상조항의 '**납세의무자**'란 면탈하고자 하는 체납처분과 관련된 국세를 납부할 의무가 있는 자를 의미하는 것이고, 그 지위는 과세요건이 충족되어 해당 납세의무가 성립된 때 취득하게 되므로, 심판대상조항은 '납세의무가 성립된 이후'의 시기에 행해진 행위만을 처벌하는 것임이 명백하다. 또한 심판대상조항은 정부의 국세징수권을 보호법익으로 하는 점, 심판대상조항이 명시적으로 요구하고 있는 '**체납처분의 집행을 면탈할 목적**'은 적어도 체납처분의 집행을 받을 우려가 있는 시점에서야 인정될 수 있는 점 등을 고려한다면, 심판대상조항은 '체납처분의 집행을 받을 우려가 있는 객관적인 상태가 발생한 이후'의 시기에 행해진 행위만을 처벌하는 것임이 명백하다. 심판대상조항은 **죄형법정주의의 명확성원칙에 위배되지 않는다**(헌재 2023. 8. 31. 2020헌바498). 24 국회 8

10　　　　　　　　　　　　　　　　　　　　🔑 ④

㉠ ✕ 《**연좌제 금지원칙 규율대상 아님**》 고위공직자의 가족은 고위공직자의 직무와 관련하여 **스스로 범한 죄**에 대해서만 수사처의 수사를 받거나 기소되므로, 친족의 행위와 본인 간에 실질적으로 의미 있는 아무런 관련성을 인정할 수 없음에도 불구하고 오로지 친족이라는 사유 그 자체만으로 불이익한 처우를 가하는 경우에만 적용되는 **연좌제금지 원칙**이나 **자기책임의 원리 위반 여부는 문제되지 않는다**(헌재 2021. 1. 28. 2020헌마264 등). 25 경간

㉡ ✕ 《**책임주의원칙 위배 및 공무담임권 침해 아님**》 (1) 이 사건 법률조항은 후보자에게 회계책임자의 형사책임을 연대하여 지게 하는 것이 아니라, 선거의 공정성을 해치는 객관적 사실(회계책임자의 불법행위)에 따른 선거결과를 교정하는 것에 불과하고, 또한 후보자는 공직선거법을 준수하면서 공정한 경쟁이 되도록 할 의무가 있는 자로서 후보자 자신뿐만 아니라 최소한 **회계책임자 등**에 대하여는 선거범죄를 범하지 않도록 **지휘·감독할 책임**을 지는 것이므로, **이 사건 법률조항은 후보자 '자신의 행위'에 대하여 책임을 지우고 있는 것에 불과하기 때문에, 헌법상 자기책임의 원칙에 위반되지 아니한다**(헌재 2010. 3. 25. 2009헌마170).
(2) 회계책임자와 후보자는 선거에 임하여 분리하기 어려운 운명공동체라고 보아 회계책임자의 행위를 곧 후보자의 행위로 의제함으로써 선거부정 방지를 도모하고자 한 입법적 결단이 현저히 잘못되었거나 부당하다고 보기 어려운 이상, 감독상의 주의의무 이행이라는 면책사유를 인정하지 않고 후보자에게 법정 연대책임을 지우는 제도를 형성한 것이 반드시 필요 이상의 지나친 규제를 가하여 가혹한 연대책임을 부과함으로써 후보자의 **공무담임권을 침해한다고 볼 수 없다**(헌재 2010. 3. 25. 2009헌마170). 24 경찰 2차

㉢ ✕ 《**연좌제 해당 X, 헌법 위배 X**》 이 사건 법률조항이 매각 또는 백지신탁의 대상이 되는 주식의 보유한도액을 결정함에 있어 **국회의원 본인**뿐만 아니라 **본인과 일정한 친족관계가 있는** 자들의 **보유주식 역시 포함**하도록 하고 있는 것은 본인과 친족 사이의 실질적·경제적 관련성에 근거한 것이지, 실질적으로 의미 있는 관련성이 없음에도 오로지 친족관계 그 자체만으로 불이익한 처우를 가하는 것이 아니므로 **헌법 제13조 제3항에 위배되지 아니한다**(헌재 2012. 8. 23. 2010헌가65). 24 경정

㉣ ○ 법 제54조의3 제3항은 그 제한이 이루어지는 영역이 공공성과 함께 학교법인으로부터의 자주성도 담보되어야 하는 사립학교의 장이라는 직책이라는 점에서, 가족 간에 실질적으로 의미 있는 아무런 관련성을 인정할 수 없음에도 불구하고 오로지 배우자 등의 관계에 있다는 사유 자체만으로 불이익을 주는 것이 아니라, 아래에서 보는 바와 같이 **배우자나 직계가족이라는 인적 관계의 특성상 당연히 예상할 수 있는 일체성 내지 유착가능성을 근거로** 일정한 제약을 가하는 것이다. 따라서 그와 같이 제한하고 있다는 것만으로 곧바로 헌법이 금지하고 있는 연좌제에 위배된다 할 수는 없고, 다만 위 조항이 학교법인이나 이사장의 배우자 등에게 가하고 있는 제한의 정도가 과잉하여 이들의 기본권을 침해하는지 여부만이 문제된다 할 것이다. 따라서 위 법률조항이 이사장의 배우자 등의 직업의 자유나 학교법인의 사립학교 운영의 자유를 과잉제한하여 헌법에 위배된다고 할 수 없다(헌재 2013. 11. 28. 2007헌마1189 등). 25 경간

11　　　　　　　　　　　　　　　　　　　　🔑 ②

㉠ 3회 출제 ○ 헌법 제12조 제2항은 "모든 국민은 고문을 받지 아니하며, 형사상 자기에게 불리한 진술을 강요당하지 아니한다."고 규정하여 형사책임에 관하여 자신에게 불이익한 진술을 강요당하지 아니할 것을 국민의 기본권으로 보장하고 있다. **진술거부권**은 형사절차뿐만 아니라 행정절차나 국회에서의 조사절차 등에서도 보장되며, 현재 피의자나 피고인으로서 수사 또는 공판절차에 계속중인 사람뿐만 아니라 장차 피의자나 피고인이 될 사람에게도 보장된다. 또한 진술거부권은 고문 등 폭행에 의한 강요는 물론 법률로써도 **진술을 강요당하지 아니함**을 의미한다(헌재 2014. 9. 25. 2013헌마11). 25 경간

㉡ 2회 출제 ✕ 《**진술거부권 제한**》 헌법상 진술거부권의 보호대상이 되는 "진술"이라 함은 **언어적 표출**, 즉 개인의 생각이나 지식, 경험사실을 정신작용의 일환인 **언어를 통하여 표출**하는 것을 의미하는바, 정치자금을 받고 지출하는 행위는 당사자가 직접 경험한 사실로서 이를 문자로 기재하도록 하는 것은 당사자가 자신의 경험을 말로 표출한 것의 등가물(等價物)로 평가할 수 있으므로, 위 조항들이 정하고 있는 **기재행위** 역시 "**진술**"의 범위에 포함된다고 할 것이다. … 결국, 정당의 회계책임자가 불법 정치자금이라도 그 수수 내역을 회계장부에 기재하고 이를 신고할 의무가 있다고 규정하고 있는 위 조항들은 헌법 제12조 제2항이 보장하는 **진술거부권을 침해한다고 할 수 없다**(헌재 2005. 12. 22. 2004헌바25). 25 경간

㉢ ○ '대체유류'를 제조하였다고 신고하는 것이 곧 석유사업법위반죄를 시인하는 것이나 마찬가지라고 할 수 없고, 신고의무 이행 시 과세절차가 곧바로 석유사업법위반죄의 처벌을 위한 자료의 수집·획득 절차로 이행되는 것도 아니므로, 교통·에너지·환경세 등의 납부 의무가 발생하고 그 세금을 신고·납부기한 내에 납부하지 아니하는 등의 사유로 심판대상조항에 따라 처벌된다고 하더라도 이를 두고 심판대상조항이 **형사상 불리한 진술을 강요**하는 것이라고 볼 수 없다. 따라서 심판대상조항은 **진술거부권을 제한하지 아니한다**(헌재 2017. 7. 27. 2012헌바323). 24 경간

㉣ ✕ 《**진술거부권을 제한하지 않음**》 제청법원은 심판대상조항이 진술거부권을 침해하고 국제협약에 위반된다고 주장하나, 심판대상조항은 성판매자에게 형사상 불이익한 진술의무를 부과하는 조항이라 볼 수 없으므로 **진술거부권을 제한하지 아니하며**, 국내법과 동일한

효력을 가지는 국제협약은 위헌심사의 기준이 되지 못한다는 점에서 위 주장은 모두 이유 없다(헌재 2016. 3. 31. 2013헌가2). 24 경간

12 ③

① ○ 이 사건 기재조항 및 보존조항에서는 학교생활세부사항기록부의 '행동특성 및 종합의견'에 학교폭력예방법 제17조에 규정된 가해학생에 대한 조치사항을 입력하고 이를 졸업할 때까지 보존하도록 규정하고 있는바, 이는 초·중등교육법 제25조 제1항이 교육부령에 위임하고 동법 시행규칙 제23조 및 제24조가 교육부장관에게 재위임한 '학교생활기록의 작성과 관리에 관한 사항'에 해당한다. 따라서 이 사건 기재조항 및 보존조항은 법률유보원칙에 위배되어 청구인의 개인정보자기결정권을 침해하지 않는다(헌재 2016. 4. 28. 2012헌마630). 18 경정

② ○ 개인의 출생, 인지, 입양, 파양, 혼인, 이혼, 사망 등의 신고를 통해 작성되고 보관·관리되는 개인정보가 수록된 각종 증명서를 본인의 동의 없이도 형제자매가 발급받을 수 있도록 하는 것은 개인정보자기결정권을 제한하는 것이다. 청구인은 이 사건 법률조항에 의하여 인간의 존엄과 가치 및 행복추구권, 사생활의 비밀과 자유가 침해된다고 주장하나, 위 기본권들은 모두 개인정보자기결정권의 헌법적 근거로 거론되는 것으로서 청구인의 개인정보에 대한 공개와 이용이 문제되는 이 사건에서 개인정보자기결정권 침해 여부를 판단하는 이상 별도로 판단하지 않는다(헌재 2016. 6. 30. 2015헌마924). 23 경간, 18 국가 7

③ ✕ 《과잉금지원칙 위반 ✕》 제출조항은 등록대상자로 하여금 다시 성범죄를 범할 경우 본인이 쉽게 검거될 수 있다는 인식을 한층 강화하여 재범을 억제하고, 실제로 등록대상자가 재범한 경우에는 수사기관으로 하여금 위 정보를 활용하여 범죄자를 신속하고 효율적으로 검거할 수 있게 하므로, 목적의 정당성과 수단의 적합성이 인정된다. … 따라서 제출조항은 과잉금지원칙을 위반하여 청구인의 개인정보자기결정권을 침해하지 아니한다(헌재 2019. 11. 28. 2017헌마399). 20 국회 8

④ ○ 심판대상조항은 공중밀집장소추행죄로 유죄판결이 확정되면 이들을 모두 등록대상자가 되도록 함으로써 그 관리의 기초를 마련하기 위한 것이다. 그러므로 관리의 기초가 되는 등록대상 여부를 결정함에 있어 대상 성범죄로 인한 유죄판결 이외에 반드시 재범의 위험성을 고려해야 한다고 보기는 어렵다. 더욱이 현재 사용되는 재범의 위험성 평가 도구로는 성범죄자의 재범 가능성 여부를 완벽하게 예측할 수 없고, 이와 같은 오류의 가능성을 배제하기 어려운 상황에서는 일정한 성폭력범죄자를 일률적으로 등록대상자가 되도록 하는 것이 불가피한 측면도 있다. … 심판대상조항은 청구인의 개인정보자기결정권을 침해하였다고 볼 수 없다(헌재 2020. 6. 25. 2019헌마699). 22 경정

13 ①

① ○ 위 규정은 '변호사등이 아님에도 변호사등의 직무와 관련한 서비스의 취급·제공 등을 표시하거나 소비자들이 변호사등으로 오인하게 만들 수 있는 자에게 광고를 의뢰하거나 참여·협조하는 행위를 금지'하고 있다. 이는 비변호사의 법률사무 취급행위를 미연에 방지함으로써 법률 전문가로서 변호사 자격제도를 유지하고 소비자의 피해를 방지하기 위한 적합한 수단이다. … 따라서 위 규정은 과잉금지원칙에 위배되지 아니한다(헌재 2022. 5. 26. 2021헌마619). 23 법무사

② 3회 출제 ✕ 《정치적 표현의 자유 침해 아님》 이 사건 법률조항 중 '정당'에 관한 부분은 사회복무요원의 정치적 중립성을 유지하고 업무전념성을 보장하기 위한 것으로, 정당은 개인적 정치활동과 달리 국민의 정치적 의사형성에 미치는 영향력이 크므로 사회복무요원의 정당 가입을 금지하는 것은 입법목적을 달성하기 위한 적합한 수단이다. 정당에 관련된 표현행위는 직무 내외를 구분하기 어려우므로 '직무와 관련된 표현행위만을 규제'하는 등 기본권을 최소한도로 제한하는 대안을 상정하기 어려우며, 위 입법목적이 사회복무요원이 제한받는 사익에 비해 중대하므로 이 사건 법률조항 중 '정당'에 관한 부분은 청구인의 정치적 표현의 자유 및 결사의 자유를 침해하지 않는다(헌재 2021. 11. 25. 2019헌마534). 24 경찰 1차

③ 4회 출제 ✕ 《정치적 표현의 자유 침해 ✕》 공무원의 신분과 지위의 특수성에 비추어 볼 때 공무원에 대해서는 일반 국민에 비해 보다 넓고 강한 기본권제한이 가능한바, 위 규정들은 공무원의 정치적 의사표현이 집단적인 행위가 아닌 개인적·개별적인 행위인 경우에는 허용하고 있고, 공무원의 행위는 그것이 직무 내의 것인지 직무 외의 것인지 구분하기 어려운 경우가 많으며, 설사 공무원이 직무 외에서 집단적인 정치적 표현 행위를 한다 하더라도 공무원의 정치적 중립성에 대한 국민의 신뢰는 유지되기 어려우므로 직무 내외를 불문하고 금지한다 하더라도 침해의 최소성원칙에 위배되지 아니한다. … 따라서 위 규정들은 과잉금지원칙에 반하여 공무원의 정치적 표현의 자유를 침해한다고 할 수 없다(헌재 2012. 5. 31. 2009헌마705 등). 14 변호사

④ 2회 출제 ✕ 《물적 시설이나 기업인 활동은 포함 ✕》 사전허가금지의 대상은 어디까지나 언론·출판 자유의 내재적 본질인 표현의 내용을 보장하는 것을 말하는 것이지, 언론·출판을 위해 필요한 물적 시설이나 언론기업의 주체인 기업인으로서의 활동까지 포함되는 것으로 볼 수는 없다. 즉, 언론·출판에 대한 허가·검열금지의 취지는 정부가 표현의 내용에 관한 가치판단에 입각해서 특정 표현의 자유로운 공개와 유통을 사전 봉쇄하는 것을 금지하는 데 있으므로, 내용 규제 그 자체가 아니거나 내용 규제 효과를 초래하는 것이 아니라면 헌법이 금지하는 "허가"에는 해당되지 않는다(헌재 2016. 10. 27. 2015헌마1206 등). 24 경정

14 ④

① 3회 출제 ✕ 《집회의 자유 침해 ✕》 심판대상조항의 신고사항은 여러 옥외집회·시위가 경합하지 않도록 하기 위해 필요한 사항이고, 질서유지 등 필요한 조치를 할 수 있도록 하는 중요한 정보이다. 옥외집회·시위에 대한 사전신고 이후 기재사항의 보완, 금지통고 및 이의절차 등이 원활하게 진행되기 위하여 늦어도 집회가 개최되기 48시간 전까지 사전신고를 하도록 규정한 것이 지나치다고 볼 수 없다. … 따라서 심판대상조항이 과잉금지원칙에 위배하여 집회의 자유를 침해하지 아니한다(헌재 2014. 1. 28. 2011헌바174 등). 14 국회 9

② 7회 출제 ✕ 《목적·수단 인정》 심판대상조항의 입법목적은 법원 앞에서 집회를 열어 법원의 재판에 영향을 미치려는 시도를 막으려는 것이다. 이런 입법목적은 **법관의 독립과 재판의 공정성 확보**라는 헌법의 요청에 따른 것이므로 정당하다. 각급 법원 인근에 집회·시위금지장소를 설정하는 것은 **입법목적 달성을 위한 적합한 수단이다.** … 심판대상조항은 입법목적을 달성하는 데 필요한 최소한도의 범위를 넘어 **규제가 불필요하거나 또는 예외적으로 허용 가능한 옥외집회·시위까지도 일률적·전면적으로 금지**하고 있으므로, **침해의 최소성 원칙에 위배**된다. 심판대상조항은 각급 법원 인근의 모든 옥외집회를 전면적으로 금지함으로써 상충하는 법익 사이의 조화를 이루려는 노력을 전혀 기울이지 않아, **법익의 균형성 원칙에도 어긋난다.** 심판대상조항은 **과잉금지원칙을 위반하여 집회의 자유를 침해한다**(헌재 2018. 7. 26. 2018헌바137). 20 법원 9

③ 3회 출제 ✕ 《법률주의에 위반되지 아니함》 심판대상조항이 해산명령의 발령 여부를 관할 경찰관서장의 재량에 맡기고 있는 것은 미신고 시위 현장의 다양한 상황에 따라 탄력적·유동적으로 대응할 필요성이 있다는 점을 고려한 것일 뿐, **구성요건의 실질적 내용을 전적으로 관할 경찰관서장에게 위임한 것으로 볼 수 없다.** 그러므로 심판대상조항은 **죄형법정주의의 법률주의에 위반되지 아니한다**(헌재 2016. 9. 29. 2014헌바492). 23 경정

④ 4회 출제 ○ 집시법은 옥외집회나 시위가 **사전신고한 범위를 뚜렷이 벗어나** 신고제도의 목적달성을 심히 곤란하게 하고, 그로 인하여 질서를 유지할 수 없게 된 경우에 공공의 안녕질서 유지 및 회복을 위해 해산명령을 할 수 있도록 하고 있다. 심판대상조항은 이러한 해산명령 제도의 실효성 확보를 위해 해산명령에 불응하는 자를 형사처벌하도록 한 것으로서 입법목적의 정당성과 수단의 적절성이 인정된다. … 또한 심판대상조항이 달성하려는 공공의 안녕질서 유지 및 회복이라는 공익과 심판대상조항으로 인하여 제한되는 청구인들의 집회의 자유 사이의 균형을 상실하였다고 보기 어려우므로, **심판대상조항은 과잉금지원칙을 위반하여 집회의 자유를 침해한다고 볼 수 없다**(헌재 2016. 9. 29. 2015헌바309 등). 24 경간

15 🔑 ②

① 2회 출제 ✕ 《직업수행의 자유 침해 아님》 심판대상조항은 현금거래가 많은 업종의 사업자에 대한 과세표준을 양성화하여 세금탈루를 방지하고 공정한 거래질서를 확립하기 위한 것이므로, 입법목적의 정당성과 수단의 적합성이 인정된다. … **투명하고 공정한 거래질서를 확립하고 현금거래가 많은 업종의 과세표준을 양성화하려는 공익은 현금영수증 의무발행업종 사업자가 입게 되는 불이익보다 훨씬 크므로 법익균형성도 충족한다**(헌재 2019. 8. 29. 2018헌바265 등). 20 국회 8

② 2회 출제 ○ 이 사건 등록실효조항은 **법인의 임원**이 학원법을 위반하여 **벌금형을 선고받으면 일률적으로 법인의 등록을 실효**시키고 있고, 법인으로서는 대표자인 임원이건 그렇지 아니한 임원이건 모든 임원 개개인의 학원법위반범죄와 형사처벌 여부를 항시 감독하여야만 등록의 실효를 면할 수 있게 되므로 학원을 설립하고 운영하는 법인에게 지나치게 과중한 부담을 지우고 있다. 또한 이로 인하여 법인의 등록이 실효되면 해당 임원이 더 이상 임원직을 수행할 수 없게 될 뿐 아니라, 학원법인 소속 **근로자는 모두 생계의 위협을 받을 수** 있으며, 갑작스러운 수업의 중단으로 **학습자 역시 불측의 피해를 입을 수밖에 없으므로** 이 사건 등록실효조항은 **학원법인의 직업수행의 자유를 침해한다**(헌재 2015. 5. 28. 2012헌마653). 20 지방 7

③ 2회 출제 ✕ 《직업수행의 자유 침해 아님》 제조업의 직접생산공정업무의 적정한 운영, 근로자의 직접고용 증진 및 적정임금 보장이라는 공익이 사용사업주가 제조업의 직접생산공정업무에 관하여 근로자파견의 역무를 제공받지 못하는 직업수행의 자유 제한에 비하여 작다고 볼 수 없으므로, 법익의 균형성도 충족된다. 따라서 심판대상조항이 제조업의 직접생산공정업무에 관하여 근로자파견의 역무를 제공받고자 하는 사업주의 **직업수행의 자유를 침해한다고 볼 수 없다**(헌재 2017. 12. 28. 2016헌바346). 21 경정

④ 2회 출제 ✕ 《자기결정권 제한 아님 / 헌법에 위배 아님》 (1) 건전한 유통질서를 확립하고, 대형마트 등과 중소유통업의 상생발전을 도모하며, 대형마트 등에 근무하는 근로자의 건강권을 보호하려는 심판대상조항의 입법목적은 정당하고, 대형마트 등의 영업시간 제한 및 의무휴업일 지정이라는 수단의 적합성도 인정된다. … 따라서 심판대상조항은 과잉금지원칙에 위배되어 **직업수행의 자유를 침해하지 않는다**(헌재 2018. 6. 28. 2016헌바77 등).
(2) 청구인들은 심판대상조항이 특정 시간 및 일자에 대형마트 등을 이용하려는 소비자의 자기결정권을 침해한다고 주장한다. 그러나 소비자의 자기결정권은 물품 및 용역의 구입·사용에 있어서 거래의 상대방, 구입장소, 가격, 거래조건 등을 자유로이 선택할 권리를 의미하는 것인데, 심판대상조항에 따른 영업규제로 인하여 소비자들이 받는 불편함은 단지 심야시간이나 특정 일자에 대형마트 등을 이용하지 못하는 것에 불과하므로 이를 이유로 **소비자의 자기결정권이 제한된다고 볼 수 없다**(헌재 2018. 6. 28. 2016헌바77 등). 23 입시

16 🔑 ②

① ○ 청구인의 인간다운 생활을 할 권리가 침해되었는지 여부는 그에게 지급되는 재해보상의 실질을 가진 급여를 모두 포함하여도 공무상 부상 또는 질병으로 인해 발생한 소득 공백이 보전되고 있지 않은지 여부를 살펴보아야 한다. 공무상 질병 또는 부상으로 인한 공무원의 병가 및 공무상 질병휴직 기간에는 봉급이 전액 지급되고, 그 휴직기간이 지나면 직무에 복귀할 수도 있으며, 직무 복귀가 불가능하여 퇴직할 경우 장해급여를 지급받을 수도 있다. … 이를 종합하면, 심판대상조항이 현저히 불합리하여 **인간다운 생활을 할 권리를 침해할 정도에 이르렀다고 할 수는 없다**(헌재 2024. 2. 28. 2020헌마1587). 25 경간

② 2회 출제 ✕ 《한계 일탈 ✕》 이 사건 법률조항이 **수급권자에게 2 이상의 급여의 수급권**이 발생한 때 그 자의 선택에 의하여 **그 중의 하나만을 지급**하고 다른 급여의 지급을 정지하도록 한 것은 공공복리를 위하여 필요하고 적정한 방법으로서 **헌법 제37조 제2항의 기본권 제한의 입법적 한계를 일탈한 것으로 볼 수 없고**, 또 합리적인 이유가 있으므로 평등권을 침해한 것도 아니다(헌재 2000. 6. 1. 97헌마190). 12 국회 8

③ 4회 출제 ○ (1) 보험재정의 공공성을 유지하기 위하여 범죄행위에 기인한 보험사고에 대하여 보험급여를 하지 않는 것은 **고의범과 중과실범**의 경우로 한정하면 충분하므로, 여기에서 더 나아가 **경과실범에 의한 보험사고의 경우에까지 의료보험수급권을 부정**하는 것

은 기본권 제한에 있어서의 최소침해의 원칙에 어긋나며, 나아가 보호되는 공익에 비하여 침해되는 사익이 현저히 커서 법익균형의 원칙에도 어긋나므로 이는 **재산권에 대한 과도한 제한으로서 헌법에 위반된다**(헌재 2003. 12. 18. 2002헌바).
(2) 경과실의 범죄로 인한 사고는 개념상 우연한 사고의 범위를 벗어나지 않으므로 **경과실로 인한 범죄행위에 기인하는 보험사고에 대하여 의료보험급여를 부정**하는 것은 우연한 사고로 인한 위험으로부터 다수의 국민을 보호하고자 하는 사회보장제도로서의 **의료보험의 본질을 침해하여 헌법에 위반**된다(헌재 2003. 12. 18. 2002헌바).
22 경채

④ **3회 출제** ○ 입증책임분배에 있어 권리의 존재를 주장하는 당사자가 권리근거사실에 대하여 입증책임을 부담한다는 것은 일반적으로 받아들여지고 있고, 통상적으로 업무상 재해를 직접 경험한 당사자가 이를 입증하는 것이 용이하다는 점을 감안하면, 이러한 입증책임의 분배가 입법재량을 일탈한 것이라고는 보기 어렵다. … 근로자 측이 현실적으로 부담하는 입증책임이 근로자 측의 보호를 위한 산업재해보상보험제도 자체를 형해화시킬 정도로 과도하다고 보기도 어렵다. 따라서 심판대상조항이 **사회보장수급권을 침해한다고 볼 수 없다**(헌재 2015. 6. 25. 2014헌바269). 22 경찰 1차

③ **2회 출제** ○ 법률이 **교사의 학생교육권(수업권)**을 인정하고 보장하는 것은 헌법상 당연히 허용된다 할 것이나, 초·중등학교에서의 학생교육은 교사 자신의 인격의 발현 또는 학문과 연구의 자유를 위한 것이라기보다는 교사의 직무에 기초하여 초·중등학교의 교육목표를 실현하기 위한 것이므로, 교사인 청구인들이 이 사건 교육과정에 따라 **학생들을 가르치고 평가하여야 하는 법적인 부담이나 제한을 받는다고 하더라도 이는 헌법상 보장된 기본권에 대한 제한이라고 보기 어려워 기본권침해 가능성이 인정되지 아니한다**(헌재 2021. 5. 27. 2018헌마1108). 23 해경

④ **2회 출제** × 《**교원지위법정주의 위반**》 객관적인 기준의 재임용 거부사유와 재임용에서 탈락하게 되는 교원이 **자신의 입장을 진술할 수 있는 기회** 그리고 **재임용거부를 사전에 통지하는 규정** 등이 없으며, 나아가 재임용이 거부되었을 경우 **사후에 그에 대해 다툴 수 있는 제도적 장치**를 전혀 마련하지 않고 있는 이 사건 법률조항은, 현대사회에서 대학교육이 갖는 중요한 기능과 그 교육을 담당하고 있는 대학교원의 신분의 부당한 박탈에 대한 최소한의 보호요청에 비추어 볼 때 헌법 제31조 제6항에서 정하고 있는 **교원지위법정주의에 위반**된다고 볼 수밖에 없다(헌재 2003. 2. 27. 2000헌바26). 10 국가 7

17   ④

① ○ 헌법 제31조 제6항의 취지는 **교육에 관한 기본정책 또는 기본방침을 최소한 국회가 입법절차를 거쳐 제정한 법률**(이른바 형성적 의미의 법률)로 규정함으로써 국민의 교육을 받을 권리가 행정관계에 의하여 **자의적으로 무시되거나 침해당하지 않도록 하고, 교육의 자주성과 중립성도 유지**하려는 것이나, 반면 교육제도에 관한 기본방침을 제외한 나머지 **세부적인 사항까지 반드시 형성적 의미의 법률만으로 정하여야 하는 것은 아니다**(헌재 1991. 2. 11. 90헌가27).
24 법원 9

② **3회 출제** ○ 우리 헌법 제31조 제4항은 "교육의 자주성·전문성·정치적 중립성 및 대학의 자율성은 법률이 정하는 바에 의하여 보장된다."고 규정하는 한편 제31조 제6항은 "학교교육 및 평생교육을 포함한 교육제도와 그 운영, 교육재정 및 교원의 지위에 관한 기본적인 사항은 법률로 정한다."라고 규정함으로써 **교육의 물적기반이 되는 교육제도와 아울러 교육의 인적기반으로서 가장 중요한 교원의 근로기본권을 포함한 모든 지위**에 관한 기본적인 사항을 **국민의 대표기관인 입법부의 권한**으로 규정하고 있다. … 헌법 제31조 제6항은 단순히 **교원의 권익**을 보장하기 위한 규정이라거나 **교원의 지위**를 행정권력에 의한 부당한 침해로부터 보호하는 것만을 목적으로 한 규정이 아니고, **국민의 교육을 받을 기본권을 실효성있게 보장**하기 위한 것까지 포함하여 **교원의 지위**를 법률로 정하도록 한 것이다. 이 헌법조항에 근거하여 교원의 지위를 정하는 법률을 제정함에 있어서는 교원의 기본권보장 내지 지위보장과 함께 국민의 교육을 받을 권리를 보다 효율적으로 보장하기 위한 규정도 반드시 함께 담겨져 있어야 할 것이다. 그러므로 위 헌법조항을 근거로하여 제정되는 법률에는 교원의 신분보장·경제적·사회적 지위보장 등 **교원의 권리에 해당하는 사항** 뿐만 아니라 국민의 교육을 받을 권리를 저해할 우려있는 행위의 금지 등 **교원의 의무에 관한 사항**도 당연히 규정할 수 있는 것이므로 결과적으로 **교원의 기본권을 제한하는 사항**까지도 규정할

수 있게 되는 것이다(헌재 1991. 7. 22. 89헌가106). 19 법원 9

18   ②

① ○ 심판대상조항으로 말미암아 청원경찰이 경비하는 중요시설의 안전을 도모할 수 있음은 분명하나, 이로 인해 받는 불이익은 모든 청원경찰에 대한 근로3권의 전면적 박탈이라는 점에서, **심판대상조항은 법익의 균형성도 인정되지 아니한다**(헌재 2017. 9. 28. 2015헌마653). 18 법원 9

② **2회 출제** × 《**입법형성범위 일탈여부 심사**》 (1) 이 사건에서는 대학 교원을 교육공무원 아닌 대학 교원과 교육공무원인 대학 교원으로 나누어, 각각의 단결권에 대한 제한이 헌법에 위배되는지 여부에 관하여 살펴보기로 하되, **교육공무원 아닌 대학 교원에 대해서는 과잉금지원칙 위배 여부를 기준으로, 교육공무원인 대학 교원에 대해서는 입법형성의 범위를 일탈하였는지 여부를 기준으로 나누어 심사**하기로 한다(헌재 2018. 8. 30. 2015헌가38).
(2) **교육공무원인 대학 교원**에 대하여 보더라도, 교육공무원의 직무수행의 특성과 헌법 제33조 제1항 및 제2항의 정신을 종합해 볼 때, **교육공무원에게 근로3권을 일체 허용하지 않고 전면적으로 부정**하는 것은 합리성을 상실한 과도한 것으로서 **입법형성권의 범위를 벗어나 헌법에 위반**된다(헌재 2018. 8. 30. 2015헌가38). 20 국가 7

③ **2회 출제** ○ 사인간 기본권 충돌의 경우 **입법자에 의한 규제와 개입**은 개별 기본권 주체에 대한 **기본권 제한의 방식으로 흔하게 나타**나며, 노사관계의 경우도 마찬가지이다. 예컨대, 사용자와 근로자는 근로계약 체결단계에서부터 계약상 의무 위반에 이르기까지 근로기준법, 최저임금법 등 노동 관계법령에 의한 국가적 개입을 받고 있으며, 이러한 국가의 개입이 기본권을 침해하는지 여부가 문제될 수는 있으나, **사적 계약관계라는 이유로 국가가 개입할 수 없다고 볼 것은 아니다**(헌재 2022. 5. 26. 2012헌바66). 24 경정

④ ○ 근로3권 중 단결권에는 개별 근로자가 노동조합 등 근로자단체를 조직하거나 그에 가입하여 활동할 수 있는 **개별적 단결권**뿐만 아니라 근로자단체가 존립하고 활동할 수 있는 **집단적 단결권도 포함**

된다. 이 사건 법률조항은 교원의 근로조건에 관하여 정부 등을 상대로 단체교섭 및 단체협약을 체결할 권한을 가진 교원노조를 설립하거나 그에 가입하여 활동할 수 있는 자격을 **초·중등학교에 재직 중인 교원으로 한정**하고 있으므로, **해직 교원이나 실업·구직 중에 있는 교원** 및 이들을 조합원으로 하여 **교원노조를 조직·구성하려고 하는 교원노조**의 **단결권을 제한**한다(헌재 2015. 5. 28. 2013헌마671 등).

23 변호사

19 ①

① × 《**생부의 평등권 침해 아님**》 심판대상조항들이 혼인 중인 여자와 남편 아닌 남자 사이에서 출생한 자녀의 경우에 혼인 외 출생자의 신고의무를 모에게만 부과하고, 남편 아닌 남자인 생부에게 자신의 혼인 외 자녀에 대해서 출생신고를 할 수 있도록 규정하지 아니한 것은 모는 출산으로 인하여 그 출생자와 혈연관계가 형성되는 반면에, 생부는 그 출생자와의 혈연관계에 대한 확인이 필요할 수도 있고, 그 출생자의 출생사실을 모를 수도 있다는 점에 있으며, 이에 따라 가족관계등록법은 모를 중심으로 출생신고를 규정하고, 모가 혼인 중일 경우에 그 출생자는 모의 남편의 자녀로 추정하도록 한 민법의 체계에 따르도록 규정하고 있는 점에 비추어 합리적인 이유가 있다. 그렇다면, 심판대상조항들은 **생부**인 청구인들의 **평등권을 침해하지 않는다**(헌재 2023. 3. 23. 2021헌마975).

24 법무사

② ○ **의료인이 아닌 자의 의료행위를 전면적으로 금지**한 것은 매우 중대한 헌법적 법익인 **국민의 생명권과 건강권**을 보호하고 **국민의 보건에 관한 국가의 보호의무**(헌법 제36조 제3항)를 이행하기 위하여 **적합한 조치**로서, 위와 같은 중대한 공익이 국민의 기본권을 보다 적게 침해하는 다른 방법으로는 효율적으로 실현될 수 없으므로, 이러한 기본권의 제한은 **비례의 원칙에 부합**하는 것으로서 헌법적으로 정당화되는 것이다(헌재 2005. 5. 26. 2003헌바86).

23 경간

③ ○ **국가의 국민보건에 관한 보호의무**를 명시(明示)한 헌법 제36조 제3항에 의한 권리를 **헌법소원을 통하여 주장할 수 있는 자**는 직접 자신의 보건이나 의료문제가 국가에 의해 보호받지 못하고 있는 **의료 수혜자적 지위에 있는 국민**이라고 할 것이므로 청구인과 같은 **의료시술자적 지위에 있는 안과의사**가 자기 고유의 업무범위를 주장하여 다투는 경우에는 **위 헌법규정을 원용할 수 없다**(헌재 1993. 11. 25. 92헌마87).

22 경찰 2차

④ ○ 이 사건 법률조항은 입양의 당사자가 출석하지 않아도 입양신고를 하여 **가족관계를 형성할 수 있는 자유를 보장**하면서도, 출석하지 아니한 당사자의 신분증명서를 제시하도록 하여 **입양당사자의 신고의사의 진실성**을 담보하기 위한 조항이다. … 신분증명서를 부정사용하여 입양신고가 이루어질 경우 형법에 따라 형사처벌되고, 그렇게 이루어진 허위입양은 언제든지 입양무효확인의 소를 통하여 구제받을 수 있다. 비록 출석하지 아니한 당사자의 신분증명서를 요구하는 것이 허위의 입양을 방지하기 위한 완벽한 조치는 아니라고 하더라도 이 사건 법률조항이 원하지 않는 가족관계의 형성을 방지하기에 전적으로 부적합하거나 매우 부족한 수단이라고 볼 수는 없다. 따라서 이 사건 법률조항이 입양당사자의 **가족생활의 자유를 침해한다고 보기 어렵다**(헌재 2022. 11. 24. 2019헌바108).

23 경채

20 ②

㉠ ○ 피고인이 대통령긴급조치 제9호 위반으로 제1, 2심에서 유죄판결을 선고받고 상고하여 상고심에서 구속집행이 정지된 한편 대통령긴급조치 제9호가 해제됨에 따라 면소판결을 받아 확정된 다음 사망하였는데, 그 후 **피고인의 처(妻) 甲이** 형사보상을 청구한 사안에서, **甲은 대통령긴급조치 제9호 위반으로 피고인이 구금을 당한 데 대한 보상을 청구할 수 있다**(대결 2013. 4. 18. 2011초기689).

25 경간

㉡ 2회 출제 ○

24 경간

> **형사보상 및 명예회복에 관한 법률 제6조(손해배상과의 관계)** ② 이 법에 따른 보상을 받을 자가 같은 원인에 대하여 다른 법률에 따라 **손해배상을 받은 경우**에 그 손해배상의 액수가 이 법에 따라 받을 보상금의 액수와 같거나 그보다 많을 때에는 보상하지 아니한다. 그 손해배상의 액수가 이 법에 따라 받을 보상금의 액수보다 적을 때에는 그 손해배상 금액을 빼고 보상금의 액수를 정하여야 한다.

㉢ 2회 출제 ○ (1) 이 사건 법률조항이 **비용보상청구권에 관한 제척기간을 규정**한 것은 비용보상에 관한 국가의 채무관계를 조속히 확정하여 국가재정을 합리적으로 운영하기 위한 것으로 입법목적의 정당성 및 수단의 적합성이 인정된다. … 이 사건 법률조항을 통해 달성하려고 하는 비용보상에 관한 국가 채무관계를 조기에 확정하여 국가재정을 합리적으로 운영한다는 공익이 청구인 등이 입게 되는 경제적 불이익에 비해 작다고 단정하기도 어려워 법익의 균형성도 갖추었다. 따라서 이 사건 법률조항은 과잉금지원칙에 위반되어 청구인의 **재판청구권 및 재산권을 침해하지는 않는다**(헌재 2015. 4. 30. 2014헌바408 등). (2) 형사소송법 제194조의2 내지 제194조의5에 따른 **비용보상청구제도**는 형사사법절차에 내재하는 불가피한 위험성으로 인해 손해를 입은 사람에게 그 위험에 관한 부담을 덜어주기 위해 국가의 고의나 과실 여부를 불문하고 **그 손해를 보상해주는 것**이다. 이는 구금되었음을 전제로 하는 헌법 제28조의 형사보상청구권이나 국가의 귀책사유를 전제로 하는 헌법 제29조의 국가배상청구권이 헌법적 차원에서 명시적으로 규정되어 보호되고 있는 것과 달리, 입법자가 입법의 목적, 국가의 경제적·사회적·정책적 사정들을 참작하여 제정하는 **법률에 적용요건, 적용대상, 범위 등 구체적인 사항이 규정될 때 비로소 형성되는 권리**이다. … 심판대상조항은 무죄판결이 확정된 경우 피고인이 비용보상청구권을 재판상 행사할 수 있는 기간을 제한하는 규정이므로 기본적으로 **청구권자의 재판청구권을 제한한다**(헌재 2015. 4. 30. 2014헌바408 등).

23 경정

㉣ ○ 원판결의 근거가 된 가중처벌규정에 대하여 **헌법재판소의 위헌결정**이 있었음을 이유로 개시된 재심절차에서, 공소장의 교환적 변경을 통해 위헌결정된 가중처벌규정보다 **법정형이 가벼운 처벌규정으로 적용법조가 변경되어 피고인이 무죄판결을 받지는 않았으나 원판결보다 가벼운 형으로 유죄판결이 확정됨**에 따라 **원판결에 따른 구금형 집행이 재심판결에서 선고된 형을 초과하게 된 이 사건과 같은 경우**, 소송법상 이유로 무죄재판을 받을 수는 없으나 그러한 사유가 없었다면 무죄재판을 받았을 것임이 명백하고 원판결의 형 가운데 재심절차에서 선고된 형을 초과하는 부분의 전부 또는 일부에 대해서는 결과적으로 부당한 구금이 이루어진 것으로 볼 수 있다는 점에서 심판대상조항이 형사보상 대상으로 규정하고 있는 경우들과 본질적으로 다르다고 보기 어렵다. … 그럼에도 불구하고 심판대상조항이 이 사건에서 문제되는 경우를 **형사보상 대상으로 규정하지 아니한 것은 현저히 자의적인 차별**로서 평등원칙을 위반하여 청구인들의 **평등권을 침해한다**(헌재 2022. 2. 24. 2018헌마998 등).

25 경간

MEMO

MEMO

MEMO

킹건호
경찰헌법

경찰헌법의 NEW KING